C.H.BECK WISSEN
in der Beck'schen Reihe
2023

BSR

Seitdem der Geheimbund der Rosenkreuzer im Jahre 1614 zum ersten Mal an die Öffentlichkeit trat, beschäftigt er die Phantasie der Menschen. Roland Edighoffer stellt in diesem Buch die Geschichte der geheimen Bruderschaften, die sich als Rosenkreuzer bezeichnen, von den legendären Anfängen bis heute dar. Er untersucht die rosenkreuzerischen Urschriften vor ihrem geistesgeschichtlichen Hintergrund und trennt Fakten von Legenden. Die Rolle der Alchemie, der Freimaurerei, der geheimen Ordensgrade, des hermetischen und pansophischen Geheimwissens und der rosenkreuzerischen Symbolik kommt auf eine Weise zur Sprache, die den Leser in die Lage setzt, zu erkennen, was an dieser Überlieferung Scharlatanerie oder eine heute befremdlich wirkende Form von Wissenschaft ist.

Roland Edighoffer, emeritierter Professor an der Sorbonne (Paris), ist Verfasser zahlreicher wissenschaftlicher Studien über die Rosenkreuzer.

Roland Edighoffer

DIE ROSENKREUZER

Verlag C. H. Beck

Die Umschlagabbildung zeigt die „Monas hieroglyphica" John Dees aus dem Titelkupfer seines gleichnamigen Buches, Antwerpen 1564. Siehe dazu S. 57 des vorliegenden Bandes.

Dieses Buch entspricht in einigen Teilen dem Buch *Les Rose-Croix* von Roland Edighoffer, das in französischer Sprache erstmals 1982 im Verlag Presses Universitaires de France, Paris, erschienen ist.

Die Deutsche Bibliothek – CIP-Einheitsaufnahme

Edighoffer, Roland
Die Rosenkreuzer / Roland Edighoffer. – Orig.-Ausg. –
München : Beck, 1995
(Beck'sche Reihe ; 2023 : C. H. Beck Wissen)
ISBN 3 406 39823 5
NE: GT

Originalausgabe
ISBN 3 406 39823 5

Umschlagentwurf von Uwe Göbel, München

Gesamtherstellung: Presse-Druck- und Verlags-GmbH, Augsburg
Gedruckt auf alterungsbeständigem (säurefreiem),
aus chlorfrei gebleichtem Zellstoff hergestelltem Papier
Printed in Germany

Inhalt

Einleitung

„Wer hat dem Kreuze Rosen zugesellt?" Goethe stellte diese Frage in einem esoterischen Gedicht über das Rosenkreuz, dem er den Titel *Die Geheimnisse* gab, und dieses Werk ist nicht von ungefähr unvollendet geblieben. Denn das Rosenkreuz ist in erster Linie eine rätselhafte Erscheinung. Die *Confessio Fraternitatis*, ein 1615 ohne Verfassernamen erschienenes Manifest, präzisiert, daß der Zugang zu den Rosenkreuzern nur durch Gottes Gnade möglich sei: „...ob wir wohl die ganze Welt reich und gelehrt machen und von unzähligem Jammer erledigen können, mögen wir doch keinem Menschen ohne Gottes sonderbare Schickung nimmermehr offenbar und bekannt werden." Trotz dieses Verweises auf den Gnadenweg stellt sich für die Forschung die Frage nach der Erschließung der verborgenen Sinngehalte des Rosenkreuzes. Sie können in drei Kategorien eingeteilt werden. Die vorliegende Arbeit geht also einem dreifachen Rätsel nach:

Das erste Rätsel betrifft die Entstehungsgeschichte des älteren Rosenkreuzertums, die zugleich nachweisbar und nebelhaft ist. Sie kann einerseits genau untersucht werden und ist in einem wohlbekannten geistesgeschichtlichen Zusammenhang angesiedelt. Aber sie ist andererseits in einer uralten Tradition verankert, die bis in das Altertum zurückgeht, und bei Vorgängern spürbar, die manchmal als Mitglieder einer legendären rosenkreuzerischen Geheimgesellschaft betrachtet wurden.

Das zweite Rätsel bezieht sich auf die Verfasser der ersten Rosenkreuzer-Schriften, die zugleich bekannt sind und teilweise verborgen bleiben. Die Quellenforschung ergibt wesentliche Unterschiede zwischen den verschiedenen Urschriften und besonders zwischen den zahlreichen Lobschriften oder Pamphleten, die auf die Urschriften folgten und von dem damaligen Erfolg der Rosenkreuzer zeugen.

Das dritte Rätsel betrifft die Rezeptionsgeschichte der Rosenkreuzer bis zum 20. Jahrhundert, die zugleich kollektiv und individuell ist. Sie ist kollektiv in dem Sinne, daß seit dem

18. Jahrhundert die rosenkreuzerischen Geheimgesellschaften florierten, und noch heutzutage das Rosenkreuz unter verschiedenen Formen und Bezeichnungen weiterlebt. Diese mannigfaltigen Aspekte des Rosenkreuzertums werden ebenfalls im folgenden untersucht. Aber die Rezeptionsgeschichte ist auch individuell, insofern sie jeden Menschen auffordert, das Schicksal der ganzen Menschheit in der Tiefe seiner eigenen Seele zu entdecken. Das immer wieder auflebende Interesse an dem Rosenkreuz hängt nämlich damit zusammen, daß es Motive und Inhalte berührt, die dem unerschöpflichen Material an uraltem Wissen um die Zusammenhänge zwischen Gott, Mensch und Kosmos entsprechen, das zu allen Zeiten in der Psyche aller Völker enthalten ist und sich in Symbolen und Mythen herauskristallisiert. Im letzten Teil des vorliegenden Buches wird der Leser zu einer „Enthüllung" im psychologischen Sinne des Wortes aufgefordert. In den Paralipomena zu den *Lehrlingen zu Sais* schrieb Novalis: „Einem gelang es – er hob den Schleier der Göttin zu Sais – Aber was sah er? Er sah – Wunder des Wunders – sich selbst." Wenn dem so ist, schlummert vielleicht in jedem Menschen ein Rosenkreuzer.

Erster Teil: Entstehungsgeschichte der Rosenkreuzer

I. Das Rosenkreuz-Fieber

1. Die Urschriften

Im Jahre 1614 erschien zu Kassel ein Sammelband ohne Verfassernamen, der drei Texte enthielt: *Allgemeine und General Reformation der gantzen weiten Welt, Fama Fraternitatis, Dess Löblichen Ordens des Rosenkreutzes, an alle Gelehrte und Häupter Europae geschrieben, und Kurtze Responsion, von dem Herrn Haselmeyer gestellet*... Wie groß das Interesse an der *Fama Fraternitatis* war, läßt sich daran erkennen, daß schon in demselben Jahr 1614 eine zweite Auflage nötig war und daß das Werk im folgenden Jahr von drei verschiedenen Verlegern in Kassel, Frankfurt und Danzig veröffentlicht wurde. Insgesamt wurde es bis 1617 siebenmal gedruckt. Zudem kam 1615 eine niederländische Übersetzung heraus, und die *Fama* erschien 1652 in englischer und französischer Fassung in London, wo sie von Eugenius Philaletes herausgegeben wurde.

Von 1615 bis 1616 wurde die *General Reformation* nur noch in einigen Ausgaben (Frankfurt und Kassel) gedruckt; dabei erschien ab 1615 die sogenannte *Confessio Fraternitatis R. C.. Ad Eruditos Europae*, die zuerst in lateinischer und deutscher Sprache veröffentlicht wurde. Dazu kam ein neuer, romanartiger Text, der 1616 in Straßburg unter dem Titel *Chymische Hochzeit Christiani Rosenkreutz, Anno 1459*, erschien. Sein Erfolg bei dem Lesepublikum stand den vorigen Manifesten in nichts nach, denn es entstanden in demselben Jahr 1616 zwei neue Auflagen und ein Raubdruck.

2. Nachwirkungen in Deutschland

Der Riesenerfolg der Manifeste der Rosenkreuzer und der *Chymischen Hochzeit Christiani Rosenkreutz* kann an der Flut von

Zuschriften und Kampfschriften gemessen werden, die sich zwischen 1614 und 1620 über die deutschen Lande ergoß. Man schätzt ihre Zahl auf etwa 200 Schriften! In diesem Stimmengewirr kann man zwei entgegengesetzte Tonarten unterscheiden: eine Vielzahl von Schriften sympathisiert mit den Rosenkreuzern und begrüßt die Endzeitstimmung einer Fraternität, deren tatsächliche Existenz nicht bezweifelt wird, die aber verborgen bleiben soll. Der Leibarzt des Landgrafen Philipp von Hessen-Butzbach, Daniel Mögling, der mit Johann Valentin Andreae befreundet war, machte sich unter den Decknamen Theophilus Schweighart und Florentinus de Valentia zum Anwalt der Rosenkreuzer, deren Grundhaltung er auf die *Nachfolge Christi* des Thomas a Kempis zurückführte. In Prag wurde 1620 in der *Rosa jesuitica* die Meinung vertreten, daß die Rosenkreuzer schon zur Zeit des römischen Kaisers Nero existierten und daß sie mit den Jesuiten etwas zu tun hätten.

Eine andere Gruppe von Schriften legt Nachdruck auf die Alchemie. Dem Philosophen und Alchemisten Radtichs Brotoffer zufolge enthalten die Urschriften der Rosenkreuzer die allegorische Darstellung einer höheren und verborgenen Alchemie, die ein Gottesgeschenk sei und das Geheimnis der Universalmedizin liefern könne. Auch der Hermetiker Michael Maier, der das rosenkreuzerische Gedankengut verbreitete und umgestaltete, sah in den Rosenkreuzern die Hüter einer göttlichen Tradition der echten Alchemie. Andere Verfasser übersahen, daß die *Fama Fraternitatis* das Goldmachen als ein *parergon* betrachtet, und wiegten sich in der Hoffnung, daß sie von der Bruderschaft das unfehlbare Rezept der *Chrysopoeia* erfahren würden.

Unter den Gegnern findet man hauptsächlich Vertreter der lutherischen Orthodoxie, die den Rosenkreuzerschriften ihre Neigung zum Calvinismus, ihre Schmähung der aristotelischen Philosophie, ihre Bezugnahme auf die islamische Philosophie und ihre Begeisterung für Paracelsus vorwerfen, wenn diese Bruderschaft nicht schlechthin als wiedertäuferisch abgestempelt wird. Mit Andreas Libavius nimmt die streng geführte Kritik eine rationale und scholastische Wendung und stützt sich auf stichhaltige Argumente.

Eine Sonderstellung nimmt die Reihe der Flugschriften ein, die damals unter dem Pseudonym Irenäus Agnostus erschienen, weil sie sich einerseits in Lobeshymnen über die Rosenkreuzerschriften ergingen und andererseits in Anhängen dieselben Texte, manchmal unter einem anderen Decknamen, wie etwa Menapius, unbarmherzig angriffen und verspotteten. In einer ihm zugeschriebenen Schrift fragte Agnostus im Jahre 1620, warum die Frauen keinen Zugang zu der Fraternität hätten. Hinter den vielen Pseudonymen dieses proteischen Verfassers verbarg sich der Altdorfer Hauslehrer Friedrich Grick, der Andreae kannte und 1620 in seinen *Apologema* von dem Autor der *Fama* und der *Confessio* sagte, er sei ein *vir magnus et illustris*.

In Deutschland war die Verwirrung so groß geworden, daß ein Arzt namens Georg Molther behaupten konnte, einem Rosenkreuzer-Bruder in Wetzlar begegnet zu sein, und daß Michael Maier das Auftreten von Rosenkreuzern in Hagenau bezeugte. In Nürnberg erschien im Jahre 1619 ein Prophet namens Philipp Ziegler, der sich für den Obersten der Brüder des Rosenkreuzes ausgab, dann nach Holstein und Schweden ging und schließlich in England verschwand.

3. Nachwirkungen in England

Michael Maier hatte sich in England aufgehalten, und er war mit dem Arzt und Philosophen Robert Fludd befreundet, der 1617 in seinem *Tractatus Apologeticus Integritatem Societatis de Rosea Cruce defendens* gegen Libavius polemisierte und die Rosenkreuzer als Förderer der Mathematik, Astrologie und Medizin betrachtete, die solche Gaben von Gott durch den heiligen Geist und das Licht der Natur erhalten hätten. In seinem *Tractatus Theologo-Philosophicus* (1617) begrüßte er die Offenbarung der Rosenkreuzer als ein gutes Omen vor dem Weltende.

So hatte das Rosenkreuz durch Maier und Fludd in England Wurzeln geschlagen, und die Pflanze sollte dort besonders gut gedeihen. Außerdem hatte Irenäus Agnostus darauf aufmerksam gemacht, daß die Rose das Symbol von England sei und das Kreuz auf seine Fürsten als Verteidiger des wahren Glaubens hinweise. Im Jahre 1650 widmete Thomas Vaughan den „wiedergeborenen Brüdern des Rosenkreuzes" eine *Anthroposophia Theomagica*, und 1652 veröffentlichte er unter dem Decknamen Eugenius Philaletes *The Fame and Confession of the Fraternity*, die teilweise eine Umarbeitung der ersten Übersetzung der *Fama Fraternitatis* von dem schottischen Hermetiker Sir David Lindsay war. Zwischen 1658 und 1665 publizierte John Heydon in London eine Reihe von Werken, deren Titel und Inhalt sich auf das Rosenkreuz berufen, wie z.B. *A New Method of Rosie-Crucian Physick, The Rosie Crucian Infallible Axiomata, The Rosie Cross uncovered, The Wise Man's crown, or the Glory of the Rosie Cross, Psonthonpsanchia or a Quintuple Rosie-Crucian Scourge for the due correction of that Pseudo-Chymist... George Thompson, A Rosycrucian Theomagical Dictionary*, etc. Das von Heydon beschriebene Rosenkreuz ist eine sagenhafte Bruderschaft, die ihm zufolge auf Moses zurückgeht, deren Nachkommen in einem unterirdischen Schloß in England wohnen und das Verjüngungselixir besitzen sollen. Ebenso seltsam und geheimnisvoll ist die Identität eines gewissen Irenäus Philaletes, dem der äußerst unklare Text der *Chymica Vannus* (1666) zugeschrieben wurde.

Also gedieh das Rosenkreuz in England auf fruchtbarem Boden, obwohl es dort manchmal zu eigenartigen Auswüchsen kam, und merkwürdigerweise wurde die englische Übersetzung der *Chymischen Hochzeit* erst 1690 von Ezechiel Foxcroft unter dem Titel *The Hermetick Romance: or the Chymical Wedding, Written in high Dutch By Christian Rosencreutz* veröffentlicht.

4. Die Rezeption in Frankreich

Der französische Philosoph René Descartes (1596–1650) weilte um 1620 in Deutschland, und er hatte in Frankfurt a.M. von den Rosenkreuzern gehört. Zwar wurde seine Wißbegierde von den vielen Schriften und Gerüchten um die Fraternität angestachelt, aber das Hauptprinzip des radikalen

Zweifels, das seiner Philosophie zugrunde liegt, brachte ihn zu dem Schluß, daß die so populäre Bruderschaft überhaupt nicht existierte. Als er 1623 nach Paris zurückkehrte, hatte der Ruf der Rosenkreuzer Frankreich erreicht. Plakate kündigten mit übersteigertem Pathos die Ankunft von Abgeordneten des Rosenkreuzes an und rühmten ihre Heilkunst und ihre Kenntnis aller Sprachen. In demselben Jahr erschien in Paris die französische Übersetzung der *Pia et utilissima admonitio, De Fratribus Rosae-Crucis* von Heinrich Neuhaus, die 1618 in Danzig veröffentlicht worden war. In dieser nüchternen und skeptischen Untersuchung enttarnte dieser die Rosenkreuzer als Sekte, die häretische Züge aus dem Calvinismus, den Wiedertäufern und den Antitrinitariern aufgenommen hätte. Viel derber und heftiger war ein anonymes Pamphlet, das auch 1623 erschien und den schrecklichen Pakt dieser vermeintlich Unsichtbaren mit dem Teufel denunzierte. Es erzählte von ihrer Hauptversammlung, die im Juni 1623 in Lyon stattgefunden habe, und von ihrem Untergang in der Nähe von Paris, wo der Teufel sie vernichtet und diesmal durch den Tod wirklich unsichtbar gemacht habe.

Auch der Historiker und spätere Bibliothekar von Richelieu, Gabriel Naudé (1600–1653), setzte sich mit der Rosenkreuzerfrage auseinander, und zwar in der 1623 gedruckten *Instruction à la France sur la vérité de l'histoire des Frères de la Roze-Croix*. Diese Untersuchung, die sich für objektiv und vernünftig ausgibt, zeugt von einer ausgezeichneten Kenntnis der damaligen Verhältnisse und der Kultur in Deutschland. Unter die Quellen der Manifeste zählt er mit Recht Paracelsus „qui est la pierre fondamentale de toute cette Congrégation", aber auch Joachim von Fiore, Raimund Lull, Guillaume Postel, Heinrich Khunrath, Gerhard Dorn, Oswald Croll, Johannes Kepler, Tommaso Campanella, und er kennt sogar Tobias Adami, einen Freund von Johann Valentin Andreae. Er hält die ganze Geschichte für einen Scherz, aber er meint auch, daß ihre Verfasser gelehrte Leute waren, die in der *Fama* und in der *Confessio* ihre Sehnsucht nach der Erkenntnis der Geheimnisse der Natur als Besitz von imaginären Zauberkräften darstellten.

II. Reformatio divini et humani

Was mochte in ganz Europa eine solche Welle von enthusiastischen und abwehrenden Reaktionen ausgelöst haben? Um dieses Gewirr des Für und Wider zu verstehen, müssen wir uns nun dem Inhalt der Urschriften zuwenden.

1. Die *Allgemeine und General Reformation der gantzen weiten Welt*

Dieser ziemlich lange Text war die deutsche Übersetzung einer Satire des italienischen Schriftstellers Trajano Boccalini (1556–1613), der in den *Ragguagli di Parnasso* (Nachrichten vom Parnaß) die politische Bevormundung der römischen Kurie durch die Spanier kritisierte. Er flüchtete sich in die Republik Venedig, wo er kurz nach der Veröffentlichung der *Ragguagli* (1612) starb. Es wird allgemein angenommen, daß er von spanischen Vertretern der Inquisition vergiftet wurde. In der mit der *Fama Fraternitatis* abgedruckten Satire, die eine Novelle aus den *Nachrichten vom Parnaß* ist, befiehlt der Gott Apoll den Weisen und Gelehrten, die Welt von Grund auf zu reformieren. Thales von Milet, Cato, Seneca und viele andere machen allerlei wunderliche Vorschläge, aber das Säkulum ist so krank, daß alle Hoffnung auf Heilung vergeblich ist, und die Weisen beschließen, um das Gesicht nicht zu verlieren, Kraut, Rüben und Petersilie mit einer Steuer zu belegen!

Es mochte im Jahre 1614 die Leser seltsam anmuten, als Einleitung zu der *Fama Fraternitatis* eine Satire vorzufinden, die alle Reformbestrebungen ins Lächerliche zog. Sie lief zu guter Letzt auf die Unmöglichkeit hinaus, eine echte Reform mit den Mitteln der Vernunft und der menschlichen Weisheit durchzuführen. Übrigens hatte Boccalinis Satire Vorbilder, wie die *Kore Kosmou*, ein Traktat aus dem *Corpus Hermeticum*, das 1591 mit einer lateinischen Übersetzung von Francesco Patrizi erschienen war, oder den *Spaccio della bestia trionfante* von Giordano Bruno, der 1584 in London publiziert wurde. In beiden Schriften beginnt die religiöse und sittliche Reform im

Himmel selbst, wo die Erneuerung der Götter und der Gestirne eine Verbesserung der Menschheit bewirkt.

2. Die *Fama Fraternitatis*

Diese beiden letztgenannten Texte und der pessimistische Standpunkt der sogenannten „General Reformation" geben Aufschluß über den Sinn der Formel „Reformatio divini et humani", die in der *Fama Fraternitatis* verwendet wird: Die Weltverbesserung kann nicht auf eigene Faust und mit menschlichen Mitteln allein, sondern nur durch das göttlich-menschliche Geheimnis der Wiedergeburt erzielt werden. Aber diese Schrift, die nach ihrem Titel den „Ruf der Bruderschaft der Rosenkreuzer" erweitern soll, ist alles andere als eine abstrakte Abhandlung. Sie besteht aus dem Lebenslauf ihres Stifters und aus einer Übersicht über ihre Lehre.

Die Biographie des Christian Rosenkreuz

Christian Rosenkreuz, der nur mit den Buchstaben Fr. C. R. C. oder C. R. oder R. C. bezeichnet wird, ist adliger Herkunft. Er wurde in einem Kloster aufgezogen, und mit 16 Jahren unternimmt er eine Pilgerfahrt nach Jerusalem. Sein alter Begleiter stirbt in Zypern, das bis zum 13. Jahrhundert eine Provinz der Tempelherren war und damals von dem Adelsgeschlecht der Lusignan regiert wurde, aus dessen französischem Zweig die Sage der Sirene *Melusine* stammt, die von Paracelsus und seinen Anhängern wiederaufgenommen wurde. Also macht sich Christian allein nach Damas auf, wo der Ruf der Weisen aus *Arabia Felix* ihn dazu bewegt, statt nach Jerusalem nach der Stadt Damcar im Jemen zu reisen, wo die Gelehrten, die in der Astrologie bewandert waren, seine Ankunft bereits erwarteten. Durch sie vertieft er seine Kenntnisse in Physik und Mathematik, und er übersetzt den *Liber M.* aus dem Arabischen ins Lateinische. Nach drei Jahren begibt er sich nach Ägypten, studiert dort Pflanzen und Tiere und reist dann nach Fez, wo er auf der dortigen Universität seine Kenntnisse in der *Magia na-*

turalis erweitern kann. Nach zwei Jahren kehrt er nach Europa zurück, und er erlebt in Spanien eine Enttäuschung, insofern die dortigen Gelehrten an ihren überholten Lehren festhalten. Nach Deutschland zurückgekehrt, gibt sich Christian zuerst wissenschaftlichen Arbeiten hin, und er ruft dann gleichgesinnte Männer zu sich, die den Kern der Fraternität bilden. Sie bauen sich eine geräumige Wohnung im Zeichen des Heiligen Geistes, erfinden eine magische Sprache und Schrift, verfassen eine vollständige Darstellung der „heimlichen und offenbaren Philosophie", heilen zahlreiche Kranke und beschließen schließlich auseinanderzugehen, außer zwei Brüdern, die bei dem Ordensstifter in dem Kloster zum Heiligen Geist bleiben. Zu den sechs Regeln, denen sie sich unterwerfen müssen, gehört hauptsächlich, alle Kranken umsonst zu heilen, sich den Sitten des jeweiligen Landes anzupassen und die Bruderschaft geheim zu halten.

Erst 120 Jahre nach dem Tod von Christian Rosenkreuz wird scheinbar zufällig seine Grabstätte von einem Bruder der dritten Generation entdeckt. Das Grabgewölbe, „das von einer anderen Sonne, die es der äußeren abgelernt hatte", hell erleuchtet wird, ist siebeneckig und enthält in Schränken das Vokabular, das Reisetagebuch und die Lebensbeschreibung des Paracelsus. In der Mitte steht ein runder Altar mit Inschriften wie „Jesus mihi omnia". Unter dem Altar und einer dicken Messingplatte entdecken die Brüder den unversehrten Leib des Ordensstifters. Das „Büchlein T", das er in der Hand hält, vergleicht auf der letzten Seite „C. Ros. c." (Christian Rosenkreuz) mit einem dem Herzen Jesu eingepflanzten Samenkorn, erinnert an den „mehr als königlichen Schatz", den er in Arabien und Afrika gesammelt hatte, und erzählt, daß er eine „Kleine Welt" erbaute und ein Kompendium aller vergangenen, gegenwärtigen und zukünftigen Geschehnisse schuf. Das Buch endet mit dem Satz: „Ex Deo nascimur, in Jesu morimur, per Spiritum Sanctum reviviscimus" (Aus Gott sind wir geboren, in Jesu sterben wir, durch den Heiligen Geist werden wir wiedergeboren).

Durch die Veröffentlichung der *Fama Fraternitatis* wurde

der Schleier, der bisher die Bruderschaft tarnte, teilweise gelüftet, und die Verfasser erhoffen Reaktionen von seiten der ehrlichen Leser, obwohl es im Text heißt, daß die gottlose Welt nie den Weg zu den Rosenkreuzern finden werde.

Die Lehre der Rosenkreuzer nach der Fama Fraternitatis

Mit der märchenhaften Darstellung des Ordens und seines Stifters geht die lose Ausführung des Ideengehalts des Rosenkreuzes einher. Die manchmal beißende Kritik der *Fama* gilt im religiösen Bereich dem Papst und Mohammed, in der Philosophie Aristoteles und den Sophisten, in der Medizin den Anhängern des Galenus, und überhaupt allen eingebildeten Pseudo-Gelehrten, die sich an ihre überholten Lehren klammern. Dagegen berufen sich die Rosenkreuzer auf die Kabbala, und der Name Paracelsus wird mehrmals erwähnt, sei es durch seinen Vornamen Theophrastus oder durch Abkürzungen. Im folgenden wird noch darüber zu sprechen sein.

Einfluß der Kabbala und der Hermetik

Die *Fama Fraternitatis* begrüßt eingangs die glückliche Zeit ihrer Entstehung, in der sich die Erkenntnis von Gottes Sohn und der Natur mehr und mehr erweitert und die Herrlichkeit des Menschen als Mikrokosmos ans Licht gebracht wird. Sie hebt die philosophische und musikalische Harmonie hervor, die Menschen, Himmel und Erde zusammenhält und in die nur der Teufel Mißtöne hineinbringen kann. Dieser Einklang, das genaue Korrespondieren des Mikrokosmos mit dem Makrokosmos, wird durch das Bild der Sphäre, als Symbol der Vollendung, veranschaulicht.

Es liegt auf der Hand, daß die Analogistik und Sphärenharmonie der Pythagoreer im Hintergrund dieses Weltbildes stehen; und der Einfluß von Johann Kepler (1571–1630), dessen mathematische Auffassungen noch pythagoreisch geprägt waren, ist naheliegend. Er betrachtete nämlich die Sphäre als das Symbol der Trinität und die Architektonik der Welt als das Bild der göttlichen Harmonie. Auch der katalanische Mönch und

Philosoph Raimund Lull (1234–1315) zeigte in seiner *Ars Magna*, daß alle Formen der Wirklichkeit nur in bezug auf Gott existieren und jede Raumgröße durch den Übergang zu den Wertgrößen irdischer Vollkommenheit auf den Gottschöpfer zurückgeht. Diese Wertgrößen sind die αξιωματα, auf denen Raimund Lull seine *Ars compendiosa inveniendi veritatem*, d.h. seine kurzgefaßte Technik zur Entdeckung der Wahrheit, aufbaut. Auf ähnliche Weise schlägt Frater C. R. C. in der *Fama Fraternitatis* den Gelehrten vor, ihnen „gewisse ohnfehlbare axiomata" mitzuteilen, von denen er weiß, „daß sie einer Kugel gleich nach dem einzigen Mittelpunkt richten".

Die von Raimund Lull entwickelte *Ars combinandi* geht wahrscheinlich auf das *Sefer Jezira* – zu deutsch: „Buch der Schöpfung" – zurück, das die Entstehung der Welt aus den Buchstaben des hebräischen Alphabets beschreibt. Pico della Mirandola, dessen Werke den Urhebern des Rosenkreuzer-Mythos zugänglich waren, da sie 1572 wieder aufgelegt wurden und sich zudem in der Bibliothek von Christoph Besold befanden, unterschied in seiner *Apologia* zweierlei Formen der Kabbala: zuerst die *Ars combinandi*, auch *Ars Raimundi* genannt, die mit rotierenden Alphabeten funktioniert, und dann die höchste Form der *Magia naturalis*, die die himmlischen Kräfte mit den irdischen vermählt. Die *Fama Fraternitatis* bezieht sich auf beide Formen der Kabbala, erwähnt die deutschen Magier und Kabbalisten und präzisiert, daß in der philosophischen Bibliothek der Rosenkreuzer „das vornehmste" Buch eben das Werk über die *Axiomata* sei.

Das „kunstvollste" Buch in derselben Bibliothek heißt *Rotae Mundi*. Die Bedeutung dieses Begriffes kann man sich am besten anhand einer Abbildung aus der *Medicina catholica* von Robert Fludd vorstellen, die zwar erst 1631 erschien, aber von einem Mann stammt, der die Lehre der Rosenkreuzer sehr bewunderte. Dieses „Causarum Universalium Speculum" (Spiegel der universalen Ursachen) weist auf die damals geltende Auffassung der zyklischen Zeit hin, die wie ein Räderwerk funktioniere und mit dem Zyklus der Jahreszeiten verglichen werden kann. Das Bild des Rades oder des Zyklus knüpft an astrologische Vorstellungen an, aber es erinnert auch an den Begriff der *renovatio veterum*, die nach Marsilio Ficino (1433–1499) die Entstehung eines neuen goldenen Zeitalters bewirken sollte. Er sah in Plato nicht nur den Erben von Hermes Trismegistos und Pythagoras, sondern auch einen Jünger von Moses, und er glaubte an eine *Theologia prisca* und an die Übereinstimmung der *Philosophia perennis* mit der Offenbarung, so daß seine *platonica theologia* von der *christiana religio* kaum zu unterscheiden war. Das *Corpus Hermeticum*, das er 1463 für Cosimo de Medici fast ganz ins Lateinische übersetzt hatte, enthält im zwölften Traktat eine Stelle, die die Welt als Abbildung Gottes bezeichnet und von der ewigen Dauer der zyklischen Wiederkehr redet, die von Gottvater gewollt wurde (XII, 15). Die *Fama Fraternitatis* spricht auch von allen „periodis seculorum" und präzisiert: „... unsere Rotae nehmen ihren Anfang von dem Tag, da Gott sprach: *Fiat*, und enden sich, wann er sprechen wird, *Pereat*, doch schlägt Gottes Uhr alle Minuten, da unsere kaum die ganzen Stunden."

Das drittgenannte Buch der philosophischen Bibliothek, das von den Rosenkreuzern für „das nützlichste" gehalten wird, hat den Titel *Proteus*. Nützlich wird es genannt, weil es von der wahren Alchemie handelt, also nicht von der Goldmacherei, sondern von der dem Menschen anvertrauten Aufgabe, den in die Natur gelegten Gotteswillen zu seiner Vollendung zu führen. Weil die Natur ständig neugeboren wird – das Wort „Natur" geht auf das Verb „nascor" zurück –, ist sie die Wandlung selber. Der philosophische Merkur, der in dem Wandlungsprozeß der Alchemie die Hauptrolle spielt, ist nicht nur das Quecksilber, sondern auch eine geheime Wandlungssubstanz, zugleich Geist und Seele, männlich und weiblich, vielseitig und wankelmütig, also ein *Proteus*. Diese Wandlungsfähigkeit hatte Melchior Szebeny am Anfang des 16. Jahrhunderts dazu angeregt, das *opus alchymicum* in Form der Messe darzustellen. So durfte der *Lapis philosophorum*, der Stein der Weisen, „in gewissem Sinne als ein *Symbol des ‚inneren' Christus, des Deus in homine*, aufgefaßt werden" (C. G. Jung, 13. Bd., S. 107). Und in solcher Hinsicht erklärt sich teilweise die optimistische und etwas rätselhafte Behauptung am Anfang der *Fama Fraternitatis*, daß durch Gottes Gnade „sich die Erkenntnis (...) seines Sohnes immer mehr erweitert".

Einfluß der paracelsischen Philosophie

In der *Fama* wird Nachdruck auf die *Philosophie* gelegt. Nicht nur Christian Rosenkreuz, sondern auch alle acht Brüder der Fraternität befassen sich damit, und jeder von ihnen hat einen vollständigen Einblick in „die *heimliche* und *offenbare* Philosophie". Diese Bezeichnung der Philosophie als heimlich und offenbar bedarf einer Erklärung, die wir bei Paracelsus finden. In der ersten Fassung des *Liber Paragranum* lesen wir nämlich folgende seltsame Definition: „Was ist Philosophie anders als die unsichtbare Natur?" Das heißt, daß die Philosophie nach Paracelsus kein Ergebnis des logischen Denkens ist: letzteres ist nach ihm in den *codices scribentium* aufgezeichnet, die er auch „papierne Bücher" nennt, die ihn an Aristoteles und an Galenus erinnern, und die auch die Fama verwirft, so wie alles, „was nur einem Codice gleich sieht" (*Sämtliche Werke* I, 8, 71).

Es hat nach Paracelsus keinen Sinn, das Leben in toten, längst überholten Büchern entdecken zu wollen. Das einzige gültige Buch ist der *Liber Mundi*. „Wer die Natur durchforschen will", schreibt Paracelsus, „der muß ihre Bücher mit den Füßen lesen (...). So ist der Kodex der Natur, und so muß man ihre Blätter wenden" (I, 11, 145). Und es ist merkwürdig, daß Paracelsus in einer anderen Schrift erklärt: „Das Buch, in dem die Buchstaben der Geheimnisse sichtbar, erkennbar, greifbar und ausdrücklich geschrieben stehen, so daß man alles, was man zu wissen begehrt, am besten gerade in diesem Buche durch den Finger Gottes eingezeichnet findet und demgegenüber, wenn es richtig gelesen wird, alle anderen Bücher nur toter Buchstabe bleiben, soll durch kein anderes erläutert und nirgends sonst gesucht werden, als allein im Menschen. Er ist das Buch, worin alle Geheimnisse geschrieben stehen" (I, 14, 547).

Die *Confessio Fraternitatis* nimmt zu dem Problem der Bücher eine ähnliche Stellung ein: sie behauptet nämlich, daß „obschon alle Bücher sollten umkommen und durch des allmächtigen Gottes Verhängnis aller Schriften *et totius rei literariae interitus* oder Untergang vorgehen sollte, die Posterität dennoch (aus den Erkundigungen und Erforschungen unseres geliebten Christlichen Vaters) ein neues Fundament legen und ein neues Schloß oder Feste der Wahrheit aufbauen könnte". Denn diese Forschungen beziehen sich auf das einzige gültige Buch, nämlich das Buch der Natur. Die *Fama Fraternitatis* erzählt, wie die ersten Brüder des Rosenkreuzes, ebenso wie Paracelsus, eifrige Leser des sogenannten *Liber Mundi* waren.

All diese Aussagen über die „heimliche und offenbare Philosophie" und auch über die „Buchstaben und Charaktere" in dem Buch der Natur, die nicht jedem Leser zugänglich sind, weisen auf einen tiefen Sinn in den Naturdingen hin, der wiederum anhand der Ausführungen von Paracelsus erklärt werden kann. Der Ausdruck *Liber Mundi* entspricht der paracelsischen „Kunst Signatur", die auf der Überzeugung beruht, daß die Menschen alles in der Welt „durch äußere Kennzeichen und Merkmale" erfahren können. „Alles tritt durch sein bestimmtes Kennzeichen zutage. Denn eine jede Frucht ist ein Zeichen, woran erkannt wird, was in dem ist, von dem sie stammt" (I, 12, 174). „Kein Geschöpf gibt es, an dem die Natur nicht in Zeichen offenbarte, was in ihm ist. (...) Denn alles, was den empfindlichen und unempfindlichen Geschöpfen innewohnt, trägt seine äußeren Zeichen, durch die das Innere ergründet werden kann" (I, 10, 300). Darum schreibt Paracelsus in der *Philosophia sagax:* „Sehet euch die Kräuter an! Ihre Kräfte sind unsichtbar, und dennoch werden sie in ihnen gefunden. Sehet euch die Tiere an, die weder reden noch deuten können, und doch ist nichts so verborgen in ihnen, daß es der Mensch nicht erführe. So werden alle Dinge, seien sie in der Erde oder im Meer, im Chaos oder im Firmament, zu ihrer Zeit offenbar werden" (I, 12, 148).

Welche Bedeutung haben also die „Buchstaben", die Kennzeichen, die man in dem großen Buch der Natur finden kann? Paracelsus antwortet auf diese Frage mit der Behauptung:

„Nichts ist verborgen, daß es nicht durch seine Frucht offenbar würde“ (II, 1, 194); „offenbaren“, „entbergen“ sind Verben, die in seinen Werken häufig vorkommen, die aber auf keinen Fall bedeuten, daß die zu entschleiernde Welt eine „andere“ Welt wäre. Es geht eigentlich um die gleiche Welt, die wir vor Augen haben, die aber durchsichtig geworden ist wie eine Scheibe, durch welche die Sonne scheint (I, 12, 204). Dieser Standpunkt unterscheidet sich wesentlich von dem der cartesianischen Philosophie und der modernen Wissenschaft, insofern er voraussetzt, daß die Natur nicht als Objekt betrachtet wird, und daß der Mensch selber ein integrierender Bestandteil der Natur ist, in dem sie sich zu erkennen sucht.

Dieses wechselseitige Verhältnis wird durch die paracelsische und rosenkreuzerische These von der Einheitlichkeit alles Lebens, von dem Zusammenhang der großen und der kleinen Welt ermöglicht. Die *Fama Fraternitatis* legt besonderen Nachdruck auf die Zusammengehörigkeit von Mikrokosmos und Makrokosmos. Sie begrüßt die Zeit ihrer Entstehung, in der endlich der Mensch verstehen konnte, „welcher Gestalt er Microcosmus, und wie weit sich seine Kunst in der Natur erstreckt“. Und sie erwähnt die Feststellung des Christian Rosenkreuz, „daß gleich wie in jedem Fruchtkern ein guter ganzer Baum oder Frucht ist, also die ganze große Welt in einem kleinen Menschen wäre, dessen Religion, Politik, Gesundheit, Glieder, Natur, Sprache, Worte und Werke, alles in gleichem Ton und Melodie mit Gott, Himmel und Erden übereinstimmt“. Selbst diese Metapher findet sich schon bei Paracelsus. In seinem Werk *Astronomia Magna oder die ganze Philosophia sagax der großen und kleinen Welt* steht folgende Passage: „Die ganze Welt umgibt den Menschen, und er ist von ihr umschlossen, wie der Kreis seinen Mittelpunkt einschließt. Daraus folgt, daß alle Dinge auf diesen einen Punkt bezogen sind, so wie ein Apfelkern, der von der Frucht umgeben und erhalten wird, seine Nahrung aus ihr zieht. In diesem Sinne ist auch der Mensch ein Kern und die Welt sein Apfel, und was vom Kern im Apfel gilt, das gilt auch vom Menschen in der Welt, mit der er umgeben ist“ (I, 12, 164). So entsteht diese ontologische *Harmonie*, die Bruder C. R. C. entdeckt haben soll, und von der die *Fama* sagt, daß sie schon in den Werken des Paracelsus „gründlich" zu finden sei.

In dem Maße, wie Mikrokosmos und Makrokosmos, also Mensch und Natur, aufeinander abgestimmt sind, entsteht die Möglichkeit der Harmonie, die für die Rosenkreuzer so wichtig ist. Einerseits braucht die Natur den Menschen, damit die in ihr wirkenden Kräfte, die *virtutes*, sichtbar werden und in uns das *lumen naturae* entzünden können. Nur durch das Lichtwerden im Menschen vermag die Natur aus ihrem latenten, bewußtlosen, unvollkommenen Zustand herauszutreten. Deswegen trachtet sie nach diesem Licht, d. h. nach der Offenbarung, durch welche sie sich selbst *im* Menschen erkennen wird. Hier stimmt die paracelsische Auffassung von der Natur mit der des Apostels Paulus in seinem Römerbrief überein, wo er im 8. Kapitel von dem „ängstlichen Harren der Kreatur" spricht, die „auf die Offenbarung der Kinder Gottes" warte (Rö 8, 19).

Andererseits kann sich dieser Prozeß nur unter der Bedingung vollziehen, daß der Mensch auf seinen eigenen Willen verzichtet und in seinem Inneren den Raum schafft, den das Licht der Natur ausfüllen wird. Nun kommt es nach Paracelsus häufig vor, daß der Mensch dem Streben der Natur nach Selbstverwirklichung keine Aufmerksamkeit schenkt. Infolgedessen vermag das *lumen Naturae* nicht in ihm zu leuchten, und andererseits muß der Hang der Natur zur Selbstoffenbarung unvollendet bleiben.

Dieser Rückblick auf die Denkweise des Paracelsus und auf seine Auffassung des *lumen naturae* wirft ein bezeichnendes Schlaglicht auf die in der *Fama* dargelegten Gedanken der frühen Rosenkreuzer. Ihre Philosophie ist zunächst „heimlich", weil sie eine Philosophie des Unsichtbaren ist; aber dieses Unsichtbare ist ebenso wirklich und wirksam wie das Sichtbare, es liegt in dem Sichtbaren selbst, denn es besteht aus den „virtutes", d. h. aus den wirkenden Kräften, die die ganze Natur durchwalten, und deren Kennzeichen, deren „Buchstaben" wir zu entziffern haben. Also ist die Natur zugleich sichtbar in der

Form und unsichtbar in der wirkenden Kraft, aber beide sind untrennbar: die äußere, sichtbare Form ist der Ausdruck, die Bezeichnung, die „Signatur“ der unsichtbaren Kraft. Allein von dieser „Signatur“ aus ist es möglich, ein Dahinterliegendes, einen „grunt“ zu begreifen. Deshalb begrüßt die *Fama Fraternitatis* eingangs die glückliche Zeit ihrer Entstehung, in der Gott den Brüdern „die Hälfte der unbekannten und verborgenen Welt“ enthüllte. Wohlgemerkt, dies ist nur durch Gottes Gnade möglich gewesen, denn das sog. „Entbergen“ wird allein den „reinen“, gutgesinnten Menschen zugeteilt, die die Zeichen zu entdecken und zu erkennen wissen, die von der unsichtbaren Welt herkommen. In dieser Hinsicht ist die Erkenntnis mit einer Offenbarung dessen verbunden, was nach Paracelsus „nicht sichtig noch greifbar“ ist, mit einer inneren Erfahrung der unsichtbaren Kräfte, der *virtutes*, die in der Natur und im Menschen wirken: das *cognoscendum* ist demnach ein *co-nascendum*, eine Gabe, die dem Menschen zukommt. Auf diese Weise ist die Philosophie der *Fama Fraternitatis* nicht nur „heimlich“, sondern auch „offenbar“: denn die Brüder des Rosenkreuzes gehören selbstverständlich zu den wenigen, die das Buch der Natur „lesen und verstehen können“, die also dem Drang der Natur, sich *im* Menschen zu vollenden und zu „offenbaren“, Folge leisten.

Die in den Elementen wirkenden Kräfte haben nach Paracelsus die Fähigkeit, neue Wesen zu schaffen, die im Unterschied zum Menschen monoelementisch sind und zudem nicht unsterblich sein können. Er beschreibt sie in seinem *Liber de nymphis, sylphis, pygmaeis et salamandris et de caeteris spiritibus*, und erklärt, daß sie die Zukunft kennen: „Denn sie haben Vernunft mit den Menschen (ausgenommen der Seele halber). Sie haben Wissen und Verstand des Geistes (ausgenommen Gottes halber).“ Deshalb können sie den Menschen sehr nützlich sein. Es sind wohl die „Elementarischen Einwohner“, von denen in der *Fama Fraternitatis* die Rede ist. So spiegelt diese Schrift noch einmal das Weltbild des Paracelsus wider.

Einfluß Johann Keplers
Die *Fama Fraternitatis* verbindet den Namen Paracelsus mit der Erwähnung des sogenannten *Trigonum igneum*, d.h. des „feurigen Dreiecks“, das die drei Tierkreiszeichen des Stiers, des Löwen und des Schützen im Jahre 1603 bildeten und die eine besonders günstige Konjunktion ausmachten. Der große Astronom Johann Kepler entdeckte im Jahre 1604 einen neuen Stern in diesem „feurigen Dreieck“ und veröffentlichte 1606 in Prag das Buch *De Stella Nova, et coincidente principio Trigoni ignei*, in dem er die Erscheinung des neuen Sterns als Zeichen einer neuen Reformation deutete: „Wie, wenn sich zur Zeit der Erscheinung dieses Sterns jemand gefunden, der eine neue Religion und Glaubensbekenntnis (...) zu verfassen sich bewegen hätte lassen (...). So nun dergleichen jemand an einem unbewußten Ort sich verborgen hielte, der etwa sich für einen Propheten ausgäbe, oder auch mit seiner Macht und Gelegenheiten getraute, ein solches Werk durchzutreiben...“ Diese *Prognostica* fielen in das Jahr der fiktiven Entdeckung der Grabstätte von Christian Rosenkreuz, und obwohl der bzw. die Verfasser der *Fama Fraternitatis* vorsichtshalber ihre Zugehörigkeit zur lutherischen Konfession bekannten, weissagten sie nichtsdestoweniger eine allgemeine Reformation.

So hatten manche Zeitgenossen die rosenkreuzerische Botschaft verstanden, und unter ihnen Adam Haslmayr, dessen *Antwort an die lobwürdige Brüderschafft der Theosophen vom Rosenkreutz N.N.* an die erste Ausgabe der *Fama Fraternitatis* angefügt worden war. Dieser Anhänger des Paracelsus hatte die paracelsische Färbung der *Fama* bemerkt, darum schrieb er: „So spüren und schließen wir, daß ihr diejenigen seid, die die ewige Theophrastiam und Göttliche Wahrheit erweitern sollten, wunderbarlicherweise bis hierher reserviert, vielleicht auf die Zeit des prophetischen Eliae artistae zu achten, weil er, Theophrastus, in seiner Prophetia von seinen dritten verborgenen Thesauris (...) meldet, daß Gott zur rechten Zeit mit den seinen komme, den Gerechten beizustehen und die gottlosen Stolzen hinzurichten, unter denen ein Fünklein der Gerechten bleiben werden, dasselbige Fünklein oder Häuflein wird also sein hernach, daß man es mit großer Furcht wird annehmen, denn es wird das Tote lebendig machen. Auf solches wird der Feind Christi (...) sich emporzeigen (...) und wird sich sehen lassen, samt habe er gewonnen, und mit uns das Leben aus sei: So wird ihn aber Gott (...) durch das kleine Häuflein (welchen der Löwe von Mitternacht vorgehen wird, den grausamen Feind zu stürzen) sterblich vertilgen und ausrotten ..."

Haselmayr, der die *Fama Fraternitatis* schon 1610 als Handschrift zur Kenntnis genommen hatte, ließ seine Antwort im Jahre 1612 drucken, also zwei Jahre vor der Veröffentlichung der *Fama Fraternitatis*, wie das kürzlich von Carlos Gilly in der Anna-Amalia-Bibliothek zu Weimar wiedergefundene Exemplar es beweist. Er spielt auf die damals noch gut bekannte Prophezeiung des „Löwen aus Mitternacht" an, die im 16. Jahrhundert in ganz Europa verbreitet war und, wie ich es in einer anderen Schrift zeigte, fälschlich Paracelsus zugeschrieben wurde („Le lion du septentrion", in: *Etudes germaniques*). Diese Prophezeiung bringt mehrere Motive zusammen, die im Rosenkreuzermythos wieder auftauchen: verborgene Schätze, die Entdeckung einer Grabstätte mit geheimnisvollen Büchern, den Löwen, der den Adler „samt seiner Clerisey" ausrotten und den Völkern Glück und Wohlstand bringen wird.

3. Die *Confessio Fraternitatis*

Die Verfasser der *Fama Fraternitatis* kündigten die baldige Veröffentlichung der „lateinischen Confessio" an, „wo wir auch 37 Ursachen anzeigen (werden), warum wir von jetzt ab unsere Bruderschaft öffentlich machen und solche hohe Mysterien freiwillig, ungezwungen und ohne alle Belohnung anbieten, dazu noch mehr an Gold versprechen, als der König von Spanien aus beiden Indien zieht".

Selbst der aufmerksamste Leser wäre aber nicht in der Lage, diese 37 Ursachen herauszufinden. Der Grund für dieses nur scheinbare Versäumnis liegt darin, daß die Verfasser der Rosenkreuzerschriften von der pythagoreischen und kabbalistischen Denkweise geprägt waren und nur auf die symbolische Bedeutung dieser Zahl achteten. Schon die Dreizahl führt nicht allein auf die Trinität zurück, sondern auf *Hermes Trismegistos*. Die Siebenzahl erinnert an die Eröffnung des mit sieben Siegeln verschlossenen Buches durch das Lamm und an die sieben Engel in der Apokalypse, auf deren Ankunft die Eröffnung des Tempels im Himmel und die Erscheinung des Sonnenweibs folgen, die das Herabkommen der himmlischen Braut Jerusalem symbolisieren (Off. 6, 1–17/8, 1–2/ 11, 15 u. 19/ 12, 1). Die Addition der Drei mit der Sieben ergibt die Zahl zehn, d. h. die pythagoreische *Tetraktys* (1 + 2 + 3 + 4), in der Jamblichos „die Quelle und Wurzel der ewigen Natur sah“. Aus der Multiplikation der 3 mit der 7 ergibt sich die Zahl 21, die nach der Weisheit Salomos den verschiedenen Eigenschaften der göttlichen Sophia entspricht (Weisheit 7, 22–23). C. G. Jung schreibt über die göttliche Sophia: „Sie ist ja die ‚Werkmeisterin‘; sie verwirklicht die Gedanken Gottes, indem sie ihnen stoffliche Gestalt verleiht (...). Ihr Zusammensein mit Jahwe bedeutet den ewigen Hierosgamos, aus welchem Welten gezeugt und geboren werden“ (11. Bd., S. 426).

Diese Zahlensymbolik war den Verfassern der rosenkreuzerischen Urschriften nicht fremd: unter den vielen Europäern, die sich am Ende des 16. Jahrhunderts mit solchen Problemen befaßten, sollen nur einige erwähnt werden: John Dee, der 1570 in seinem *Mathematischen Vorwort* zur ersten englischen Übersetzung der *Elemente* des Euklid die magische Bedeutung der Zahlen hervorhob, Giordano Bruno, der 1591 in Frankfurt a. M. *De Monade, numero et figura* erscheinen ließ, und P. Lindenberg, der im selben Jahr *De numerorum praecipuorum (...) mysterio et eminentia* in Rostock veröffentlichte.

Das in der *Fama Fraternitatis* gegebene Versprechen, 37 Gründe für die Bekanntmachung der Geheimnisse der Fraternität anzugeben, wird infolgedessen in der *Confessio* zugleich nicht gehalten und doch erfüllt, in dem Sinne, daß die größten Mysterien immer ambivalent sind und deswegen paradoxerweise in dem Maße verhüllt bleiben, wie der Schleier teilweise gelüftet wird.

So ist es nicht verwunderlich, daß die *Confessio Fraternitatis* auf die „Magischen Schriften“ anspielt, die die Rosenkreuzer zugleich aus der Bibel und aus dem Buch der Natur entlehnten, und die „neue Sprache“ erwähnt, die sie zuwege gebracht haben, „in welcher zugleich die Natur aller Dinge ausgedrückt und erklärt wird“. Sie hat also mit der babylonischen Verwirrung überhaupt nichts zu tun, denn sie bezieht sich unmittelbar auf Adams oder Henochs Sprache. Das Idiom der Rosenkreuzer sei also die Ursprache vor der Erbsünde, die mit dem göttlichen Logos verwandt sei und eher dem Licht als dem menschlichen Verständigungssystem vergleichbar wäre. Es war die Sprache, die die Tiere im Paradies verstanden, in der Henoch sich mit den Engeln unterhalten konnte und deren Zauber in den Gesängen des Orpheus wirksam wurden. Wenn die Rosenkreuzer sich rühmen, die Geheimnisse dieser Ursprache zu kennen, so sind sie fähig, Gottes Sprache in der Schöpfung zu begreifen und den verborgenen Sinn der Heiligen Schrift zu enträtseln.

In den Jahren 1614–1615 wurden also die „Gelehrten Europae“ aufgefordert, das große Buch der Natur zu entziffern, aber gleichzeitig behaupten die Verfasser der *Confessio Fraternitatis*, daß dieses Buch „zwar allen Menschen vor Augen und offen stehe, und dennoch ihrer wenig dasselbe lesen und verstehen können“.

Wer sich die Mühe gibt, von der märchenhaften Einkleidung der Manifeste abzusehen, versteht den eigentlichen Sinn dieses scheinbaren Widerspruchs. Die echten Alchemisten, die sich von alters her mit dem Geheimnis des Stoffes, mit seiner Vergeistigung und mit der christlichen Parallele auseinandersetzten, rühmten sich, die sogenannte Sprache der Vögel zu verstehen. Und Paracelsus, der in vielen Dingen den Verfassern der rosenkreuzerischen Urschriften als Vorbild diente, zeichnete sich eben durch seine Neigung aus, Neologismen aus den verschiedensten Sprachen wie Latein, Griechisch, Hebräisch, Arabisch usw. zusammenzubrauen. Zwar frönte er dabei der Magie der Fremdwörter, aber er war auch oft gezwungen, auf dieses Mittel zu rekurrieren, um schwer faßbaren Gedanken Ausdruck zu verleihen. Der Umstand, daß die Grabstätte des Christian Rosenkreuz in der *Fama Fraternitatis* ein Onomastikon zur Erklärung der Fachausdrücke des Paracelsus enthielt, beweist, daß die „magische Schrift" der Rosenkreuzer von ihm beeinflußt wurde.

Der Paracelsus zugeschriebene Traktat *De vita longa*, der 1562 von Adam von Bodenstein herausgegeben wurde und wahrscheinlich auf Notizen nach Vorlesungen des Paracelsus im Jahr 1526 zurückgeht, mag als eine der Quellen der rosenkreuzerischen Urschriften betrachtet werden. Er strotzt nämlich von Geheimnamen und Neologismen und mißt Henoch, der als Vorbild für Christus galt, eine besondere Bedeutung bei. Da dieser nach dem 1. Buch Mose (5, 23) 365 Jahre lebte, gibt Paracelsus hier den Menschen, die mit ungewöhnlicher Lebensdauer beglückt sind, den seltsamen Namen „Enochdiani". Eine andere Wortprägung von Paracelsus ist der „Iliaster", der *spiritus Mercurii*, der das Lebensprinzip, und als solches „die Entrückung des Geistes in eine andere Welt, und zwar in die Welt des Enoch" (13. Bd, S. 152, Anm. 82) bedeutet, den Gott in den Himmel genommen hatte (1. Mos. 5, 24). Auf dieser biblischen Grundlage entwickelte sich die alchemistische Auffassung, daß durch das Wandlungsmysterium der sogenannte „Enochdianus", das heißt der langlebige innere Mensch, hervorgebracht werden konnte.

Nur vor diesem paracelsischen Hintergrund wird folgende Frage aus der *Confessio Fraternitatis* verständlich: „Wäre es nicht ein köstlich Ding, daß du könntest alle Stunde also leben, als wenn du von Anfang der Welt bisher gelebt hättest und noch ferner bis ans Ende derselben leben solltest?" Der hier dargelegte Gedanke ist nur der Ansatz eines Motivs, das in der *Chymischen Hochzeit* zur vollen Entfaltung kommt.

Der Einfluß des Paracelsus macht sich selbst in dem Umstand bemerkbar, daß die *Confessio Fraternitatis* der Heiligen Schrift den Vorrang vor dem Buch der Natur gibt. Denn Paracelsus meinte, daß neben dem Licht der Natur „noch ein anderes Licht da ist, das uns lehrt zu dem Ewigen zu kommen". In der *Auslegung über die zehn Gebote Gottes* erklärt er nämlich: „Von Gott dem Vater haben wir die erste Kreatur, daß wir Menschen sind und haben den Tod in ihm; von Gott dem Sohn haben wir die andere Kreatur, in der wir Christen erlöst sind von dem Tod; von Gott dem Heiligen Geist haben wir den dritten Leib nach diesem Leben, ‚clarifiziert' in das ewige Leben" (II, 7, IV, 124). Unter dem „dritten Leib" versteht Paracelsus den neuen Leib der Ewigkeit, der aus dem Erdenleib erwächst, wenn dieser durch das Sakrament gespeist wird.

Was das Individuum betrifft, läßt sich auch auf die Weltgeschichte anwenden. Paracelsus erklärt in demselben Werk, daß den drei Personen der Trinität drei aufeinanderfolgende „Monarchien" entsprechen: wir leben noch in dem „Reich" des Sohnes, aber die dritte Monarchie, das Reich des Heiligen Geistes, wird auch kommen für die Wiedergeborenen (ebd. 126). Das Wort „Auferstehung", das Paracelsus in diesem Zusammenhang verwendet, bezieht sich nämlich auf den inneren Menschen; nach einer Definition von Martin Ruland in seinem *Lexicon alchemiae* (1612) ist er „der regenerierte geistige Mensch in uns, der himmlische Körper, der in uns Christen vom heiligen Geist (...) gepflanzt wird".

Mit dieser Auffassung lehnte sich Paracelsus an die Lehre von den drei Weltzeitaltern an, die der kalabresische Abt Joachim von Fiore im 12. Jahrhundert aufgestellt hatte und die den Verfassern der Rosenkreuzerschriften bekannt war. Diesem Mönch zufolge hatte das erste Zeitalter mit Adam begonnen und umfaßte die ganze alttestamentliche Periode, das zweite Zeitalter wurde von Jesus Christus beherrscht, und das dritte, noch zukünftige Reich, das durch Elias' Rückkehr angezeigt werden sollte, wurde von Joachim als die Zeit der heiligen Hochzeit der Kirche mit ihrem himmlischen Gemahl bezeichnet, als das Alter des „ewigen Evangeliums", das in der Offenbarung des Johannes durch einen Engel verkündigt werden sollte (Off. 14, 6).

In Anlehnung an die Weltschöpfung in der Genesis und an die apokalyptische Auffassung des tausendjährigen Reiches teilte der kalabresische Mönch zudem die Weltgeschichte in sieben kosmische Tage von je tausend Jahren ein, die selbstverständlich den drei Weltzeitaltern entsprachen: das Alte Testament umfaßt die fünf ersten Perioden, das zweite Zeitalter ist die sechste Periode und das dritte wird dem siebenten kosmischen Tag entsprechen. Aber Joachim von Fiore präzisiert, daß jedes Zeitalter einen doppelten Anfang habe, nämlich zuerst einen Ursprung, den er mit einem Keimen vergleicht, und dann einen Beginn, den er *fructificatio* nennt. Die drei Zeitalter und die sieben kosmischen Tage sehen infolgedessen so aus wie ineinander verschlungene Räder, etwa wie die olympischen Ringe. Nach Joachim sind wir also am Ende des sechsten Zeitalters, und der siebente Tag bricht schon an. Die *Confessio Fraternitatis* stellt die Frage, ob „es Gott gefallen hätte, den sechsten Leuchter nur uns alleine anzuzünden oder leuchten zu lassen", denn die Rosenkreuzer wollen im Besitz des alchemistischen Geheimnisses sein, durch welches nach Joachim von Fiore das Volk der Gläubigen „per angustam passionis portam" den Sabbat der Glückseligkeit erleben werde. Im joachitischen Sinne ist diese Zeit mitten im sechsten Zeitalter schon im Keimen begriffen, darum sind nach der *Confessio Fraternitatis* nur die Blinden nicht in der Lage, auf die *Miranda sextae aetatis*, d.h. auf die Wunder des Zeitalters des Heiligen Geistes und der neuen Kirche, zu achten, die schon in der sechsten Zeit heranreifen.

Es ist bemerkenswert, daß auch Luther sich mit der Prophezeiung befaßte, die dem Propheten Elias zugeschrieben wurde und nach der die Welt sechstausend Jahre dauern sollte. Der Reformator erklärte sie folgendermaßen: „Das sind sechs Tage einer Woche und der siebente ist der Sabbath, tausend Jahre sind vor ihm ein Tag." In den Tischreden äußerte Luther häufig die Überzeugung, daß der jüngste Tag vor der Tür stehe: „Gottes Wort wird wieder abnehmen, und fallen, und werden große Finsterniß kommen (...). Alsdann wird die ganze Welt gar wilde und epicurisch werden und also wilde und ruchlos in aller Sicherheit leben. So wird denn kommen und schallen die Stimme: Siehe, der Bräutigam kommt. Denn Gott wirds nicht länger können leiden. (...) Es ist nun in Apocalypsi kommen biß auf das weiße Pferd. Es wird nun nicht lange stehen, nicht über 100 Jahre" (Tischreden 6555, 3457). Es ist kein Wunder, daß im lutherischen Württemberg das eschatologische Denken in den rosenkreuzerischen Schriften wieder aufblühte.

Während die *Fama Fraternitatis* die Lebensgeschichte des Christian Rosenkreuz erzählt, von seiner Ordensgründung berichtet und die Häupter, Stände und Gelehrten Europas auffordert, die Reformation des Lebens und der Wissenschaft zu betreiben, ist die *Confessio Fraternitatis*, dem Titel gemäß, das Bekenntnis, d.h. die Darlegung der Gedankenwelt der Rosenkreuzer. Es ist aber merkwürdig, daß bei aller programmatischen Ähnlichkeit beide Schriften wesentliche Unterschiede aufweisen. In der *Fama Fraternitatis* wurde die „Philosophie" der Theologie gleichgesetzt und die Übereinstimmung der Bibel mit dem Buch der Natur hervorgehoben. Dagegen betont die *Confessio Fraternitatis* die Überlegenheit der Bibel, und sie kritisiert die Leute, die die Heilige Schrift nicht ernst genug nehmen und sich unterfangen, Philosophie, Theologie, Medizin und Mathematik unter einen Hut zu bringen. Die *Confessio* verwendet für ihre Kritik die Metapher des Maskenballs, als wäre das Handeln solcher Leute nur eine Maskerade.

III. Die Chymische Hochzeit Christiani Rosenkreuz anno 1459

1. Analyse der Erzählung

Die dritte, 1616 in Straßburg erschienene Schrift nimmt sich ganz anders aus. Wollte die *Fama* durch eine wundersame Erzählung und die Ankündigung einer allgemeinen Reformation den „Ruf" der Bruderschaft erweitern, und erwies sich die *Confessio* als Bekenntnis und apokalyptische Schrift, so gehört die *Chymische Hochzeit* zur Gattung der autobiographischen Romane. Außerdem unterscheidet sich der Held der Geschichte, Christian Rosenkreuz, wesentlich von dem sagenhaften Stifter der Bruderschaft in der *Fama Fraternitatis*. Da er am

Anfang der Erzählung schon 81 Jahre alt ist, sollte er infolge seiner in der *Fama Fraternitatis* dargestellten Biographie als ehrwürdiger, verehrter Gründer eines reichen und machtvollen Ordens erscheinen und von Brüdern umgeben sein, zumal die *Fama* präzisiert, „daß er also für die Tage seines Lebens immer zwei bei sich hatte". Zudem sollte, immer noch laut der *Fama Fraternitatis*, „der Kranken unglaublicher Zulauf" eine Menge von Besuchern zu ihm in das „Gebäude Sancti Spiritus" führen. Dies ist aber ganz und gar nicht der Fall am Anfang der *Chymischen Hochzeit:* Christian Rosenkreuz wird hier als Einsiedler dargestellt, der nicht in der „füglichen und sauberen Habitation" „zum Heiligen Geist", sondern in einer Berghöhle wohnt. Zeichnete sich der Held der *Fama Fraternitatis* durch seine ungeheuren Kenntnisse auf den Gebieten der Mathematik, der Naturwissenschaft, der Philosophie, der „philosophia moralis" und durch den Besitz einer „unfehlbaren Axiomatik" aus, so bekennt er in der *Chymischen Hochzeit*, daß er nicht einmal verstehen konnte, was ihm unter den Füßen lag und womit er täglich umging, viel weniger, daß er „zur Erforschung und Erkenntnis der Geheimnisse der Natur geboren sein sollte". Obwohl er mit Visionen begnadet zu sein scheint und astrologische Kenntnisse hat, ist er sich „des Fleisches Kitzel" so wie seiner „Schwachheit" und „Unvermöglichkeit" so sehr bewußt, daß er ohne die Übermacht der Gnade nur „ein armer Erdenwurm" bleiben kann.

Am Abend des Gründonnerstags wird er von einem Engel besucht, der ihm einen Brief überbringt, der mit dem konstantinischen Zeichen „In hoc signo † vinces" versiegelt ist, und der zugleich ein geheimnisvolles Zeichen und eine Einladung zur „Hochzeit des Königs" enthält. Dieser Hierosgamos erinnert an die Hochzeit des Lammes in der Offenbarung des Johannes: „Selig sind die, welche zum Hochzeitsmahl des Lammes berufen sind" (Off. 19, 9). Aber es ist eigentlich bemerkenswert, daß diese Hochzeit, auf die Christian Rosenkreuz seit sieben Jahren vorbereitet war, daß seine seltsamen und denkwürdigen Erlebnisse bei dieser Gelegenheit sowie seine Aufnahme in zwei Ritterorden in seiner von der *Fama Fra-*

ternitatis dargestellten Lebensbeschreibung nicht die geringste Erwähnung finden, als ob die Hauptperson des Manifestes nicht genau dieselbe wäre, wie der Held der *Chymischen Hochzeit*.

Jedoch unterliegt es keinem Zweifel, daß die abgekürzten Bezeichnungen in der *Fama Fraternitatis:* C.R., R.C., C.R.C., C. Ros. C., oder die Benennung „unser geliebter Christlicher Vater" in der *Confessio Fraternitatis* sich auf den Namen Christian Rosenkreuz in dem Titel der *Chymischen Hochzeit* beziehen. Als Christian Rosenkreuz zum Königsschloß aufbricht, zieht er als Hochzeitskleid einen weißen Leinenrock an, er umgürtet seine Lenden mit einem roten Band, das ein Andreaskreuz um seine Schultern bildet, und er steckt vier Rosen auf seinen Hut. Und als er am Tor des königlichen Schlosses seinen Namen angeben muß, antwortet er, er sei „der Bruder von dem Roten Rosen Creutz".

Da aber eine solche Initiationsreise voraussetzt, daß der Eingeladene ihrer würdig ist, mußte Christian Rosenkreuz sich vergewissern, daß er nach dem Wortlaut des „Ladebriefes" „hierzu geboren" und „von Gott zur Freude erkoren" war. Dazu benutzt er ein Mittel, das ihm vertraut ist und das er als den „allersichersten Weg" qualifiziert, nämlich den Traum. Die Bibel enthält manche Stellen, an denen Träume zur Enthüllung von übernatürlichen Vorgängen dienen: man denke etwa an Jakobs Traum von der Himmelsleiter (1. Mos. 28). Im Jahre 1598 war in Köln eine Schrift *De Magia. De Observatione somniorum*... erschienen, in der Benedictus Pererius bemerkte, daß Gott alle passenden Augenblicke benutzt, um den Menschen ihre Träume einzuflößen. Eine Marginalie zeigt, daß der Traum von Christian Rosenkreuz auf eine Predigt von Bernhard von Clairvaux (1090–1153) Bezug nimmt, in der der Abt die Metapher der Seilzüge verwendet, um die Rettung der verblendeten Menschen darzustellen, die von einer „alten Frau mit ihrem Sohn" bewirkt wird. Es gelingt Christian, aus einem dunklen Verließ heraufgezogen zu werden, aber er wird dabei verletzt und hinkt mit beiden Beinen. Die „alte Dame" tröstet ihn mit folgenden Worten: „Laß dich diesen Mangel nicht gereuen (...) und danke daneben Gott, der dich zu so hohem Licht noch auf dieser Welt und im Stande deiner Unvollkommenheit kommen lassen ..."

Diese Episode des *Turris caecitatis* ist einer der Schlüssel zum Verständnis der *Chymischen Hochzeit*, insofern sie einerseits auf die Gegensatzspannung zwischen seelischer Blindheit und Erleuchtung aufmerksam macht und andererseits auf den paracelsischen Hintergrund des Romans hindeutet. Indem die „alte Dame" zu Christian sagt, daß er *noch auf dieser Welt* zu „so hohem Licht" gelangen kann, spielt sie auf das „Licht des heiligen Geistes" an, das mit dem Licht der Natur nicht verwechselt werden darf, obwohl beide Lichter von Gott herkommen und wie Mann und Frau einander ergänzen. Aber diese Gnade wird dem alten Christian „im Stande der Unvollkommenheit" beschert, deswegen muß er hinken. Er hinkt auf beiden Füßen, weil er dem Vorwurf ausgesetzt ist, den Elias auf dem Berg Karmel dem Volk machte, das sich zwischen Gott und dem Götzen Baal nicht entscheiden konnte (1. Kön. 18, 21). Dieses Gebrechen beweist ihm, daß er nur durch Gottes Gnade, ohne sein Verdienst, der „heimlichen und verborgenen Hochzeit" beiwohnen wird. Welcher Hochzeit? Die weitere Erzählung wird es zu verstehen geben.

Die Pilgerfahrt des Christian Rosenkreuz

Der alte Pilger macht sich auf den Weg und gelangt nicht zufällig an eine Kreuzung mit drei Zedern, die eine Marginalie als Bäume des Merkur bezeichnet. Diese Identität mit dem *spiritus vegetativus* deutet auf den Wandlungsprozeß der Wiedergeburt hin, der auf dem Königsschloß stattfinden wird. Und die drei Zedern weisen zugleich auf die Trinität und auf die hellenistische Auffassung des Hermes als „omnia solus et ter unus" hin. Eine *Tabella Mercurialis* ist an einen der Bäume geheftet und beschreibt in lateinischer Sprache die vier möglichen Wege, die zum Schloß führen, von denen aber einer nur *corporibus incorruptibilibus* zugänglich ist. Der begeisterte Rosenkreuzer Michael Maier nennt Hermes ὁδηγός, den Wegweisenden, denn er ist herkömmlich bei den Alchemisten der *psychopompos*, der die Seele auf ihrer *peregrinatio* führt, aber auch manchmal verführt. Deshalb erscheint Mercurius hier zugleich in der Form einer schwachen, weißen Taube und eines bösen, schwarzen Raben, so daß Christian, um die Taube zu retten, einen bestimmten Weg einschlägt und dann nicht zurückgehen kann, denn Hermes als Windgott hindert ihn daran (man denke an die *Tabula smaragdina:* „Der Wind hat es in seinem Bauch getragen"). Der *Tabula Mercurialis* gemäß benutzt Christian dann einen Kompaß, mit dem er sich orientiert und demnach den Orient, also die Richtung der aufgehenden Sonne und das Morgenland, entdeckt, aus dem die Weisen kamen, um dem Kindlein Jesus Gold, Weihrauch und Myrrhe zu bringen.

Auf diese Weise gelangt er auf einen „hohen Berg", auf dem er von weitem ein prächtiges Portal erblickt hatte. Diese Beschreibung erinnert an einen Kupferstich aus dem *Amphitheatrum Sapientiae Aeternae* von Heinrich Khunrath, dessen erste Auflage 1602 erschienen war. Das überladene Bild zeigt eine weite Landschaft mit Wäldern und steilen Felsen. Ein Einsiedler betet in seiner Höhle, andere Männer gehen auf dem Weg, der zur Festung der Weisheit hinaufführt und von Gottes Strahlen beleuchtet wird, und ein Schild signalisiert oben das Ziel der *peregrinatio*, nämlich das Amphitheatrum Sapientiae Aeternae. Christian kommt bei Sonnenuntergang an, als die Finsternis die Welt zu überschatten beginnt, und er muß drei Pforten durchschreiten, die mit geheimnisvollen Figuren geschmückt sind, um das Licht wieder zu erreichen. Die Aufnahme in das Schloß ist also ein Initiationserlebnis, ein geistiger Übergang von der profanen Nacht zur Erleuchtung, der durch verschiedene, sinnvolle Aufschriften bezeichnet wird, wie: *Procul hinc, procul ite profani!* (Weichet, weichet von hier, ihr Unwürdigen!), oder zu beiden Seiten des Hauptportals: *Congratulor* (ich beglückwünsche dich) und *Condoleo* (ich leide mit dir), die auf die miteinander verbundenen Stufen der christlich-alchemistischen Wandlung der *mortificatio* und der Wiedergeburt anspielen. In der *Aurora consurgens* aus dem 13. Jahrhundert heißt es: „Der Mensch, der zuvor tot war, ist zu einer lebenden Seele gemacht worden."

Von jedem Torhüter bekommt Christian eine goldene Münze, und auf der dritten stehen die Buchstaben S. P. N., deren in der Marginalie angegebene zweifache Interpretation auf den doppelschichtigen Sinn der ganzen Erzählung hinweist: das Kürzel wird nämlich zugleich als *Salus Per Naturam* (Rettung durch die Natur) und als *Sponsi Praesentandi Nuptiis* (Gast des Bräutigams bei der Hochzeit) enträtselt, wobei die von dem Verfasser gewollte Ambivalenz der *Chymischen Hochzeit* angedeutet wird: einerseits geht es um die Alchemie im „Licht der Natur", andererseits aber um die „himmlische Kunst" im „Licht der Gnade", die von oben herabkommt und die in der Redeweise von Paracelsus aus den Aposteln, Propheten und „Gelehrten von Gott" auch „Künstler" macht. Daraus kann der Leser schon entnehmen, daß Christian wahrscheinlich zu einer besonderen Teilnahme an der Hochzeit berufen wird, und weitere Zeichen lassen darauf schließen: Er muß neue Schuhe anziehen, und er wird tonsuriert, denn er hat die profane Welt verlassen und tritt nun in eine heilige Welt ein.

Die Tugendwaage

Um so erstaunlicher wirkt die bunte, gemischte Gesellschaft, die er auf dem Schloß antrifft. Diese unberufenen Gäste sind nicht durch das Portal hereingekommen, sie kletterten über die Schloßmauern, und eine Marginalie spricht von der *impietas* dieser Menge, die aus Fürsten und Hofalchemisten besteht. Der Spott und die Verachtung einiger Bösewichter bringen ihn an den Rand der Verzweiflung, aber er versteht, daß dieses Gefühl ein Teil seines seelischen Hinkens ist, und die folgende Prüfung reißt allen Narren die Maske vom Gesicht. Auf der goldenen Tugendwaage scheitern die meisten Gäste, während Christian der einzige ist, der nicht nur die Gewichte aller Tugenden, sondern selbst das durch drei Mann beschwerte letzte Gewicht aushält, so daß er unbestritten als Erwählter erscheint. Da nimmt er die Rosen von seinem Hut ab und schenkt sie der Jungfrau, die der Zeremonie vorstand und sich als Allegorie der Alchemie entpuppt. So hören sie auf, als Sinnbild der Buße auf seinem Kopf zu lasten, denn sie verweisen nun auf das rosenfarbene Blut des alchemistischen Erlösers. Am Ende des *opus* behält Christian nur noch ein rotes Kreuz auf einer weißen Fahne, die an das *Labarum* und an den Spruch des „Ladebriefes" „In hoc signo † vinces" erinnert.

Während die betrügerischen Alchemisten wie zur Zeit des 1593–1608 regierenden Herzogs Friedrich von Württemberg hingerichtet werden, bekommen die Gäste, die die Tugendprüfung bestanden, als Auszeichnung das Goldene Vlies, an dem ein fliegender Löwe hängt. Der Ritterorden vom Goldenen Vlies war 1429 in Burgund von Philipp dem Gütigen im Anschluß an die sagenhafte Argonautenfahrt gegründet worden. Antoine Faivre hat gezeigt, daß das Vlies schon im Mittelalter als ein Pergament oder Buch ausgelegt wurde, das die Geheimnisse für die Herstellung des Goldes enthielt, so daß mehrere alchemistische Werke 1598 und 1604 unter dem Titel *Aureum Vellus* erschienen waren: kein Wunder, daß die Jungfrau Alchimia das Haupt des Ordens ist. Dann trinken sie aus einem Pokal, auf dessen Deckel die Göttin *Fortuna* steht, als ob dieser Kommunionsritus die Ritter vor den Wechselfällen und Gefahren des alchemistischen *opus* nicht ganz schützen könnte.

Himmlische Alchemie

Aus den vorigen Ereignissen ergibt sich, daß die *Chymische Hochzeit*, ebenso wie die *Fama* und die *Confessio Fraternitatis*, von der irreführenden Technik und Literatur der Goldmacherei bewußt Abstand nimmt, und die weitere Erzählung betont die positive Funktion der wahren Alchemie als Dienerin des Himmels und der Natur. Davon zeugt unter anderem die seltsame Episode, die auf die makabre Szene der Exekutionen folgt. Auf einem Brunnen steht ein unbeweglicher Löwe, der ein blankes Schwert in den Pranken hält. Ein weißes Einhorn naht heran und läßt sich auf seine Vorderfüße nieder, um dem Löwen Ehre zu erweisen, und in diesem Augenblick bricht der Löwe das Schwert entzwei, dessen Stücke in dem Brunnen versinken, und er brüllt, bis eine weiße Taube ihm einen Ölzweig bringt, den er zur großen Freude des Einhorns verschlingt.

Gerhard Dorn, ein Anhänger von Paracelsus, schrieb in der

Speculativa Philosophia, die 1602 erschienen war, Gott habe lange nach Adams Fall „wegen des Erbarmens der Liebe und der Anklage der Gerechtigkeit beschlossen, dem Engel das Schwert des Zornes aus der Hand zu nehmen" und es als *Verbum Dei* am Lebensbaum aufzuhängen: „... et sic mutata est ira Dei in amorem", das Schwert verwandelte sich zugleich in den Heiland und in „aquam gratiae" oder in den Tau, der sich über die ganze Erde verbreitete (S. 221). Weiß man, daß der Tau auf Latein *ros* heißt, so liegt die Verwandtschaft mit den Rosen nahe, und das „Wasser der Gnade" erscheint in der Erzählung als der Brunnen, in dem Christian und seine Gesellen die Hände und Häupter waschen müssen. Das Einhorn wird in den Psalmen erwähnt, wo es die Macht Gottes verkörpert; nach Honorius von Autun wird Christus durch dieses Tier dargestellt, und Nicolas Caussin, der in der Entstehungszeit der *Chymischen Hochzeit* lebte, schreibt diesem Tier die Besänftigung Gottes zu. Aber der Löwe und das Einhorn sind auch beide in der Alchemie Symbole des Mercurius, dessen volatile Form, der „spiritus", eine Parallele des heiligen Geistes darstellt und in dieser Szene durch die weiße Taube versinnbildlicht wird. Auch das Wasser im Brunnen ist das Quecksilber, das in alchemistischen Werken als Lebenswasser oder Jungfrauenmilch bezeichnet wird. So erklärt sich noch einmal, warum Christian als Artifex sich darin waschen muß. Und die *Chymische Hochzeit* unterstreicht diese doppelte Erklärung, indem sie bei dem feierlichen Ritus der *repositio ponderum* (Aufhängung der Gewichte) die Aufmerksamkeit der Leser auf zwei Frauengestalten richtet, nämlich die schon bekannte Jungfrau Alchimia, und eine „Königin", die „nachher die ganze Hochzeit regiert" hat und die *Fides*, d.h. den Glauben, darstellt. Und es ist bemerkenswert, daß sie ihr Gewicht, das die höchste Tugend des Glaubens symbolisiert, der Jungfrau Alchimia anvertraut, denn *es bedeutet, daß die in der Erzählung beschriebene Alchemie nicht mehr im Dienst der Natur, sondern im Dienst des Himmels stehen wird.*

Diese Auslegung wird durch ein neues Erlebnis des Helden am vierten Tag der Handlung bestätigt, als er von der Jungfrau wieder zum Brunnen geführt wird, wo der Löwe nun eine Tafel in den Pranken hält, auf welcher sich folgende Inschrift befindet:

> Ich, Hermes der Fürst,
> nach so vielen, dem menschlichen Geschlecht
> zugefügten Schädigungen,
> nach göttlichem Ratschluss:
> Und durch Beistand der Kunst
> zur heilsamen Arznei geworden,
> fliesse hier.
> Trinke aus mir, wer kann: Wasche sich, wer mag:
> Trübe mich, wer es wagt:
> Trinket, Brüder, und lebet.

Die Hauptfigur der Alchemie ist Hermes, das heißt Mercurius, der als Quecksilber bald Wasser, bald Feuer, bald Luftgeist sein kann und demzufolge von Gerhard Dorn, dessen Werke im Tübinger Kreis gelesen wurden, als wankelmütig und verschmitzt bezeichnet wird. Es heißt von ihm in dem *Theatrum chemicum*, er „erfreue sich gleichermaßen der Gesellschaft der Guten wie der Bösen". Er galt bei Heinrich Khunrath als *filius macrocosmi*, d.h. als zweiter Gottessohn neben Christus, dem *filius microcosmi*, oder gar als Widerpart der Trinität, insofern er als „divinus ternarius" aufgefaßt wurde. Nun kann es dem aufmerksamen Leser der *Chymischen Hochzeit* nicht entgehen, daß in der Urteilsszene der falschen Alchemisten, die kurz darauf exekutiert werden, ihre betrügerischen Bücher nicht zuletzt aus dem Grunde verurteilt werden, weil sie die „Göttliche Dreyfaltigkeit" lästerten. Deswegen muß Hermes-Mercurius gerade hier seine wesentliche Verwandlungsfähigkeit an den Tag legen. Der Paracelsus-Schüler Gerhard Dorn hatte in der *Aurora philosophorum* von der Wiedergeburt des Mercurius gesprochen, der die oberen und unteren Kräfte in sich aufgenommen und vermählt habe. In ähnlicher Weise ging es dem Verfasser der *Chymischen Hochzeit* darum, die wahre Alchemie von der Pseudochemie zu trennen und sowohl die leeren Träume der Goldmacher als auch die abenteuerlichen Spekulationen gewisser Theosophen zu kritisieren, die dem *Lapis phi-*

losophorum die gleiche Rolle für die Natur wie Christus für die Erlösung der Menschheit zuerkannten. Dagegen fand er bei Paracelsus die Darstellung der beiden Formen der Alchemie, die er gutheißen konnte: einerseits die Alchemie im Lichte der Natur, die nach dem *Buch Paragranum* eine der Stützen der Medizin war, und andererseits die Alchemie im Lichte des heiligen Geistes, die in der Taufe und im heiligen Abendmahl eine alchemistische Verwandlung sah. In dem *Liber de resurrectione et corporum glorificatione* hatte Paracelsus geschrieben: „Nur das ist echtes Gold, das geläutert aus dem Feuer hervorgeht (...). Die Echtheitsproben des natürlichen Goldes geben uns ein Bild der Prüfungen, die auch unser Auferstehungsleib zu durchlaufen hat (...). So wird (...) der neue Leib geboren, der, weil er klarer als die Sonne ist, der verklärte Leib geheißen wird". Zudem benutzte Paracelsus in derselben Schrift zehnmal die Metapher der Rose, um diese höchste Form der Alchemie zu charakterisieren: „Wahrlich, wer an die Leiden des Gottessohnes denkt, der sollte sich seine Auferstehung, die ein Gleichnis der unsrigen ist, mehr zu Herzen nehmen. Aus ihm und in ihm werden wir auferstehen wie die Rose und ihre edlen Blüten aus gleichem Samen und Stiel" (II, 1, 299ff.). Die Transmutation ist nach Paracelsus dem allgemeinen Prozeß der „Reifigung" zugeordnet, der zur Bildung der „goldenen Welt" führen wird. In dieser Hinsicht ist es nicht verwunderlich, daß Hermes-Mercurius „nach göttlichem Ratschluß" zur heilsamen Arznei geworden ist, und zwar zu einer Zeit, die auf der Tafel in den Pranken des Löwen kryptographisch verzeichnet ist, nämlich im Jahre 1378.

Nach der *Confessio Fraternitatis* war dies auch das Geburtsjahr von Christian Rosenkreuz. Deswegen lohnt es sich, der besonderen Bedeutung nachzugehen, die die Verfasser der Rosenkreuzerschriften dieser Jahreszahl zuerkannten. Es ist zunächst einmal merkwürdig, daß sie in dem Bereich der Zahlensymbolik durch Addition ihrer Ziffern die Zahl zehn (1+3+7+8 = 19 → 1+9 = 10), also das gleiche wie die pythagoreische *Tetraktys* als Symbol der Vollendung ergibt, genauso wie die Jahreszahl 1459, in der die *Chymische Hochzeit* stattfindet.

Diese Zeit der Erfüllung wird in der Erzählung durch bedeutungsvolle Riten markiert: die berufenen Gäste waschen sich in dem Brunnen und trinken aus einer goldenen Schale, bevor sie goldene Gewänder anziehen und ein neues Goldenes Vlies bekommen, an dem eine Goldmedaille mit der Darstellung von Sonne und Mond das Zitat aus dem Propheten Jesaias trägt: „Des Mondes Schein wird sein wie der Sonne Schein, und der Sonne Schein wird siebenmal heller sein denn im Erdensein." Damit erschließt sich der eschatologische Sinn der ganzen Erzählung: Hermes ist eine *medicina salubris* geworden, ein Heilbringer, und wegen der Verbindung mit dem Vlies ist er nun *Hermes kriophoros*, wie das Lamm in der Offenbarung des Johannes, das als guter Hirte seine Herde zu den lebendigen Wasserbrunnen leiten wird (Off. 7, 17). Die *aqua permanens* hat dieselbe Kraft wie das Taufwasser im christlichen Ritus. Im *Rosarium philosophorum* (1593) heißt es: „Aqua est quae occidit et vivificat". In diesem prophetischen und apokalyptischen Zusammenhang versteht der Leser, daß Mercurius, Sonne und Mond, Gold und Wasser, Symbole einer „Kunst" sind, die weit über die gewöhnliche Alchemie hinausgeht.

Der Schlüssel zum Geheimnis

Dieser Eindruck wird durch die sogenannte *Comoedi* bestätigt, deren Gehalt in der Erzählung kurz darauf angegeben wird. Der Verfasser erklärt nämlich, daß an diesem Schauspiel, das zu Ehren des Königspaares aufgeführt wird, „viel sonderliches zu bedenken" ist. Der Inhalt dieses Theaterstücks scheint, wie es für den vorher kommentierten Traum der *Turris caecitatis* der Fall war, einer Parabola von Bernhard von Clairvaux entnommen worden zu sein. Der Umstand, daß es in sieben Akte gegliedert ist, erinnert an die Betrachtungen der *Confessio Fraternitatis* über die *sexta aetas*, vor dem Hintergrund der von Luther wiederaufgenommenen Weissagung der Weltzeitalter, und stellt auf allegorische Weise die wechselvolle Geschichte von Gottes Volk seit Moses bis zur Reformation dar. In einem Kästlein auf dem Wasser ist ein schönes Kind mit einem Brief entdeckt worden, durch den der alte König erfährt, daß der

Säugling seine Nichte ist und daß sie allein überlebte, nachdem der Mohrenkönig das Land verwüstet und die königliche Sippe ausgetilgt hatte. Das Mädchen wird am Hof des alten Königs erzogen, aber es gelingt dem schlauen Mohren, die Jungfrau wieder in seine Gewalt zu bringen. Ihr fürstlicher Onkel schickt ein Kriegsheer gegen den Mohren und befreit sie, er setzt sie wieder auf den Thron ihres Reiches und will sie mit seinem Sohn vermählen. Aber sie läßt sich durch Versprechungen des Mohren betören und liefert sich ihm aus. Allerlei Mißhandlungen werden ihr von dem Mohrenkönig zugefügt, bis sie einwilligt, seine Dirne zu werden. Im sechsten Akt fordert der junge König den Mohren zum Kampf, er erschlägt ihn, aber scheint selber tot zu sein. Endlich kommt er zu sich, er befreit seine Verlobte und befiehlt sie bis zur Hochzeit einem Hofmeister und seinem Hofprediger an. Sie wird aber noch einmal so sehr gepeinigt, daß der Prinz sie an seinen Hof führt, wo die Hochzeit mit großem Gepränge gefeiert wird.

Die *Comoedi* mit ihren Zwischenspielen knüpft an die Tradition der Hochzeitsfestspiele in der italienischen Renaissance an, aber sie hat in dem Kontext der *Chymischen Hochzeit* vor allem den Zweck, die Leser durch den Gebrauch der Parabolik zu orientieren. In dem metaphorischen Wortschatz der Alchemie stellt der Mohr die *nigredo* dar, das Chaos, in dem die Gegensätze entfesselt sind. Die späteren Phasen der *albedo* und der *rubedo* werden erst möglich, nachdem der Königssohn, der oft mit einem Schwert dargestellt wird, scheinbar gestorben ist, als Symbol des vollzogenen Abstiegs des Geistes in die Materie. Er kommt aber wieder zum Leben, so daß das Weiße und das Rote („Mond“ und „Sonne“), als Königin und König, dann ihre *nuptiae chymicae* feiern können. Es mag einem modernen Geist schwerfallen, diese allegorische Einkleidung der chemischen Phänomene zu begreifen, aber C. G. Jung hat in mehreren Werken gezeigt, daß in dem alchemistischen *Opus* nicht nur chemische Experimente bildlich dargestellt werden, sondern auch psychische Vorgänge, die der Laborant in die bearbeiteten Stoffe hineinprojizierte. Zudem hat er bewiesen, daß schon sehr früh, bei dem Alchemisten Zosimos (3. Jahrhundert), und im Mittelalter, in der *Aurora consurgens*, die Alchemie mit kirchlicher Allegorik durchtränkt ist.

Unter diesem Gesichtswinkel betrachtet, scheint die *Comoedi* den alchemistischen Prozeß mit der Kirchengeschichte symbolisch verbunden zu haben. Die wundervolle Rettung der kleinen Prinzessin aus dem Wasser erinnert an Moses, der später Israel versammeln und den ersten Bund mit Jahwe schließen sollte, so daß er im Neuen Testament als Vorbild Christi erschien. Der Wankelmut und die Untreue des Mädchens deuten auf den Ungehorsam und die Neigung zur Abgötterei der Gemeinde Gottes. Der sechste Akt schildert den neuen Bund Gottes mit seinem Volk, das Auftreten, den scheinbaren Tod und die Auferstehung des Sohns. Der Hofmeister und der Hofprediger veranschaulichen, wie in der *Divina commedia* von Dante Alighieri, die römischen Kaiser zur Zeit der Christenverfolgungen und die Päpste, die nach weltlicher Macht trachteten. Der von dem Königssohn ausgesandte Bote, der „die Gewalt des Pfaffen bricht", scheint auf Luther hinzuweisen. In der Schrift *Von der Freiheit eines Christenmenschen* (1520) nannte er die Kirche „das arme, verachtete, böse Hürlein", das der Bräutigam Christus zur Ehe nimmt, so daß sie von allen ihren Sünden „durch ihren Mahlschatz ledig und frei" wird. Luther hatte die biblische Metapher des Propheten Hosea wiederaufgenommen, der Gottes Gemeinde wegen ihrer Götzenverehrung der Hurerei bezichtigte, aber weissagte, daß sie „in der letzten Zeit" zu dem Herrn und seiner Gnade kommen würde (Ho. 3, 5). Deswegen wird in der *Comoedi* die Hochzeit erst im 7. Akt gefeiert, der nach der joachitischen Auffassung der *Confessio Fraternitatis* der apokalyptischen *septima aetas*, dem siebenten Zeitalter, entspricht.

Der Umstand, daß die *Comoedi* am vierten Tag der siebentägigen Erzählung stattfindet, ist strukturell sehr aufschlußreich, wenn man bedenkt, daß Jahwe nach dem 1. Buch Mose am vierten Tage der Schöpfung Licht und Finsternis voneinander schied. Die *Comoedi* liefert also nicht nur den Schlüssel zum Verständnis der „himmlischen" Alchemie, sondern wirkt auch als Wendepunkt in der Erzählung. Vor dem Schauspiel erhält

Christian die Einladung, er muß Prüfungen überstehen, die Jungfrau Alchemie huldigt der Dame Fides, in der *aqua mercurialis* des umgewandelten Hermes vollzieht sich das Ritual der Lustration, Christian und die anderen „Merkurialisten" gehen die „königliche Wendeltreppe" hinauf, deren 365 Stufen die Vollendung eines kosmischen Zyklus symbolisieren. Nach dem Schauspiel wird das Geheimnis der Wiedergeburt im „Gold", d.h. im Lichte der himmlischen Alchemie geschildert, die zur Folge hat, daß *die Seele, schon im irdischen Wandel, in dem neu geborenen Leib wohnt, in dem wir später auferstehen werden.* So dient die *Comoedi* als Fingerzeig für das Verständnis der kommenden Ereignisse: diese dürfen nicht als bloßes alchemistisches Werk ausgelegt werden, sondern beschreiben die Wandlung und Umgestaltung der Menschen, die nach Paracelsus eine „Ritterschaft auf Erden" und eine Vorausschau der „goldenen Welt" bilden.

Ein weiteres Vorzeichen ist der kleine Altar, der vor und nach der *Comoedi* erwähnt wird. Er trägt sechs Gegenstände: ein *Buch*, in das die Adepten ihren Namen eintragen werden und das wie das Buch des Lebens in der Offenbarung des Johannes ein Requisit aller Apokalypsen ist, ein *brennendes Licht* als Symbol des Ewigbleibenden, eine *Himmelskugel* als Sinnbild der göttlichen Schöpfung, eine *Schlaguhr*, die an Gottes Uhr in der *Fama Fraternitatis* erinnert und das *Pereat* in der Endzeit schlagen wird, eine lange, weiße *Schlange* in einem Schädel, die auf Tod und Wiedergeburt hindeutet, und ein *Brünnlein*, aus dem blutrotes Wasser fließt, denn es ist das philosophische Wasser, *aqua mercurialis*, das die Teilnehmer an dem *Opus* als „Trank des Schweigens" zu sich nehmen müssen. Nach dem *Corpus Hermeticum* muß man sich in Stillschweigen hüllen, um sich auf das Mysterium der *Regeneratio* vorzubereiten. *Diese sechs Insignien versinnbildlichen die Gegenwart des Geistes in der Materie und sind infolgedessen die Zeichen der Erlösung, sobald die Zeit dafür reif sein wird.*

Der Besuch im Venusgrab

Der paracelsische Begriff der „Reifigung“ wird in dem Roman durch Christians Besuch im Venusgrab veranschaulicht. Am Anfang des 5. Tages führt ihn der Knabe, der ihm zugewiesen wurde, in einen unterirdischen Raum des Schlosses und gelangt mit ihm in ein durch Karfunkel erleuchtetes Gewölbe, in dem Christian eine dreieckige Grabstätte erblickt, die wie ein Altar aussieht. Darauf ist ein kupfernes Becken, in dem ein Engel steht, der in den Armen einen „fremdartigen Baum“ hält. Die Früchte, die ständig in das Becken fallen, zerschmelzen zu Wasser. Das Ganze ruht auf einem Adler, einem Ochsen und einem Löwen. Im Boden ist eine kupferne Tür, Christian und der Knabe betreten den unteren Raum und sehen die nackte Venus auf einem Bett reglos liegen. Auf einer Tafel an dem Lager steht in Geheimschrift folgende Weissagung: „Wann die Frucht meines Baums wird vollends verschmelzen, werde ich aufwachen und eine Mutter sein eines Königs“. Bei dieser verbotenen Betrachtung wird aber Christian von Cupido überrascht, der ihm als Strafe mit seiner heißen Pfeilspitze ein Brandmal in die Hand sticht.

Maßgebend für diese literarisch gelungene Szene ist der häufige Hinweis auf das Kupfer, denn dieses Wort ist von dem lateinischen Substantiv *cuprum* abgeleitet, das seinerseits auf den griechischen Namen κυπρις (Kypris) = Aphrodite zurückgeht. So ist es nicht verwunderlich, daß Venus in der Sprache der Alchemisten mit dem Kupfer gleichgesetzt wurde. Zudem machte C. G. Jung darauf aufmerksam, daß das Zeichen für die Venus, nämlich ♀, fast das gleiche ist wie das Apothekerzeichen für den *spiritus Tartari*, nämlich ⴲ, in dem nur ein Kreuz hinzugefügt wird. Der Tartarus ist bekanntlich der Geist der Unterwelt, so daß die in dem Roman dargestellte Szene dadurch ihren Zusammenhang erhält. Christian muß in das unterirdische Grab hinuntersteigen, um unter einer kupfernen Falltür die nackte Venus zu betrachten, die zunächst einmal wie die Königin Venus im *Poliphilo* von Francesco Colonna die Erdmutter ist und für die Alchemisten eine der vielen Bezeichnungen der *prima materia* war. Zu dem Schuldgefühl, das mit dem Übertreten eines Verbots und der Entdeckung der höchsten Geheimnisse der Mutter Erde verbunden ist, gesellen sich hier die Fehler der Neugier und der Konkupiszens, so daß der Adept in dieser Phase des *Opus* seelische Verletzungen erlebt, die durch das kleine Brandmal an der Hand versinnbildlicht sind.

Aber Venus personifiziert auch Mercurius, der in dieser Episode allgegenwärtig ist: in der spielerischen und juvenilen Gestalt des Cupido ist er *Hermes sagittarius*, dessen Pfeil das *telum passionis* darstellt. Als „ternarius" hat Merkur die Dreiheit mit den heidnischen Unterweltgöttern und mit der christlichen Dreifaltigkeit gemeinsam und zeigt sich hier in der dreieckigen Form des Altars, dessen tierförmige Stützen an die Darstellung der drei Evangelisten erinnert, die sich auf der „Figura speculi sanctae Trinitatis" in der *Pandora* von Hieronymus Reusner (1588) befindet. Dasselbe Buch enthält auch ein oft reproduziertes Bild des Mercurius als nackte Jungfrau und *arbor philosophica*, die miteinander verflochten sind und den philosophischen Prozeß abbilden, während die Säfte in unten stehenden Kolben aufbewahrt werden. Gerhard Dorn erklärte in der *Aurora philosophorum*, daß die Natur die Wurzel dieses Baums in der Mitte ihrer Gebärmutter gepflanzt habe, und er sprach von einer roten Flüssigkeit, gleich wie Blut, „die tropfenweise ausschwitzt". Deshalb hätten nach ihm die „Philosophen" (Alchemisten) „die Voraussage gemacht, daß in den letzten Zeiten ein reinster, echtester Mensch (*purissimus homo*), durch welchen die Welt befreit würde, auf die Erde kommen werde, (und) daß dieser blutige Tropfen von rosiger oder roter Farbe ausscheiden werde, wodurch die Welt von ihrem Sündenfall erlöst würde".

Man sieht, welchen Gebrauch der Erfinder des Rosenkreuzermythos von diesem Text machen sollte. Der *purissimus homo* sollte der Mensch schlechthin werden, der auf keinen Fall mit Christus wetteifern konnte oder wollte, sondern zu der Befreiung der Natur im Sinne des Apostels Paulus in dem Brief an die Römer (8, 19–22) beitragen würde, indem er „wie Christus ein erlösendes Blut ausschwitzen" wird, das „ein symbolisches Blut, eine Seelensubstanz, die Veranschaulichung eines gewissen Eros, der im Zeichen der Rose den Einzelnen sowie die Vielen einigt und ganzmacht, daher eine Panazee (*medicina*) und ein Schutzmittel (*alexipharmacon*) ist" (C. G. Jung, 13. Bd., S. 318).

Bedeutung der „blutigen Hochzeit"

Dazu war aber das Kreuz nötig, und es bekundet sich durch die Enthauptung der drei Königspaare, die nach der *Comoedi* in dem sogenannten „Laboratorium" stattfindet. In einem langen Saal sitzen drei Königspaare auf drei Thronen: in der Mitte ein junger Mann und ein junges Mädchen, auf der einen Seite ein alter König mit seiner hübschen und jungen Gattin, auf der anderen Seite ein schwarzer König mittleren Alters und „ein fein altes Mütterlein".

Dem Titel des Romans gemäß drängt sich zunächst eine alchemistische Auslegung der Szene auf. Der philosophische Merkur ist fürstlicher Natur, er ist Hermes „Trismegistos", der dreimal Große, und in diesem Sinne erscheint er als *ternarius*, deswegen sitzt er symbolisch auf drei Thronen. Aber er besitzt auch eine Doppelnatur, ist zugleich Mann und Frau und wird in alchemistischen Texten als Gatte und Gattin oder als Bräutigam und Braut bezeichnet. Endlich schildert er sich selbst als „Vater und Mutter, Jüngling und Greis, Tod und Wiederherstellung": diese Polymorphie erklärt die Darstellung der Königspaare auf je einem Thron, und die zwei scheinbar nicht zusammenpassenden Paare. Die Anfangsphase des *Opus* ist also gekennzeichnet durch das sogenannte *matrimonium*, das Gleichnis der Vereinigung des Männlichen und des Weiblichen, das hier durch die Vereinigung der Generationen ergänzt wird. Darauf folgt die *mortificatio*, als ein schwarzer Mann mit einem Beil alle sechs Könige enthauptet, bevor er selber erschlagen wird. Christian meint als Zeuge, daß es „wahrlich eine blutige Hochzeit" sei, doch er erfährt zu seinem Trost, daß „solcher Tod noch viele lebendig machen" soll.

Dieselbe Hoffnung geht aus dem Brautlied hervor, mit dem die *Comoedi* ausklingt, und führt infolgedessen den Leser auf die geistige Interpretation des ganzen Vorgangs zurück. In der dritten Strophe werden die Eltern nicht allein in die Zeugungskette eingegliedert, was an sich eine banale Bemerkung wäre. Die Aussicht auf eine zahlreiche Nachkommenschaft weist ohne Zweifel auf den messianischen Hintergrund des Propheten Jesaja hin, als er über den Knecht Gottes sagt: „Wenn er sein Leben zum Schuldopfer gegeben hat, so wird er Samen haben und in die Länge leben“, und er wird „viele gerecht machen, denn er trägt ihre Sünden“ (Jes. 53, 10–11). In diesem Rahmen erklärt sich, daß in der dritten Strophe des Brautlieds die Eltern als „erlöst“ (schwäbisch: „erbetten“) bezeichnet werden.

Alle Ereignisse, die in der Fortsetzung des Romans auf lebhafte, reizende und manchmal humorvolle Weise aufeinanderfolgen, müssen aus diesem doppelten Blickwinkel betrachtet werden. Christian hat in der Nacht die Seelen der Verstorbenen wie Flammen wegfliehen sehen, die Särge werden heimlich auf Boote geladen, und eine Flotte von sieben Schiffen, die den sieben Planeten entsprechen, segelt auf dem Meer, das ein Gleichnis für das merkurialische Wasser ist. Der Umstand, daß die Königspaare in ihren Särgen diese Seefahrt machen, erinnert an das biblisch-alchemistische Motiv der Nachtmeerfahrt, wobei das Meer als symbolische Gebärmutter zu der Wiedergeburt beiträgt. In der *Turba philosophorum* heißt es: „Opus nostrum (...) ex maris fit generatione“, und die Bibel bietet mit der Fahrt auf der Sintflut oder mit Jonas in dem Walfisch eine naheliegende Parallele. In demselben Sinnbereich ist es nicht verwunderlich, daß die Passagiere auf hoher See von Nymphen besucht werden, denn die Melusinen sind, als Schlangenjungfrauen, wegen ihrer Doppelnatur eine Variante des *serpens mercurialis*, und Paracelsus meinte, daß sie auf der Paradiesstufe vor der Erbsünde geblieben seien und infolgedessen die reine Liebe verkörpern.

Die Insel, auf der sie landen, ist viereckig, denn die Quadratur des Zirkels ist ein Symbol des *opus alchemicum*. Nach Pythagoras war die Seele ein Quadrat, und von dem himmlischen Jerusalem, das Johannes in der Apokalypse aus dem Himmel herabfahren sieht, sagt er, „die Stadt liegt im Viereck“ (Off.

21, 16). Auf der Insel steht die „Turris Olympi", in der Christian mit der Jungfrau Alchimia das alchemistische Werk vollenden wird. Dieses seltsame Gebäude sieht so aus, „als ob sieben runde Türme zusammengewachsen wären, doch war der mittlere etwas höher". Außer der erneuten Anspielung auf die sieben Zeitalter weist diese Bauform auf die beiden „chymischen" Werke hin, um die es dem Verfasser geht. Hierzu nahm Regine Frey-Jaun sinnvollerweise Bezug auf die *Philosophia Sagax* von Paracelsus, in der ein Buch folgenden Titel trägt: „... von den Kräften Olympi novi seu Fidei belangend", wobei der „Olympus novus" der neue christliche Himmel ist, und sie zitiert auch die *Pandora*, in der es heißt, daß der „Neue Olympus und Himmel Christus Jesus seine Residenz" im Herzen der Gläubigen erwählt habe (S. 83).

Im Laufe des sechsten Tages werden die verschiedenen Phasen des alchemistischen Prozesses dargestellt: zuerst die *solutio* und *sublimatio*, die zur Folge haben, daß die aufgelösten Körper der drei Königspaare ineinanderfließen und der sündige Teil des Menschen volatilisiert, vergeistigt wird, bis er sich nach Heinrich Khunrath in eine *Aqua Vitae* verwandelt. Sie wird dann in einer goldenen Kugel aufgefangen, die durch Spiegel von der Sonne bestrahlt wird. In dem Maße, wie die Sonne als Symbol der Gottheit betrachtet wurde, bedeutet die Sonnenbestrahlung der Kugel das Einwirken Gottes auf den Menschen und seine Vergeistigung. Aus dieser *solificatio* ergibt sich „ein schön großes schneeweißes Ei", das im vierten Stock des Turms in einen erwärmten Kupferkessel gelegt wird, der eine Art Brutofen ist. Auf seinen Seiten stehen kryptographische Inschriften, deren letzte für das Verständnis der ganzen Erzählung wichtig ist. Sie bedeutet nämlich:

„1459 – Hermeszeichen – Paracelsus Hochheimensis Medicinae Doctor – Alpha und Omega".

Am Schluß der Reifephase schlüpft aus dem Ei ein Vogel, der schwarz, weiß, buntgefiedert und schließlich blau wird. Diese Farben wiesen im alchemistischen Prozeß auf die *cauda pavonis* (Pfauenschwanz) hin, die unmittelbar vor der Vollendung des Werkes erschien. Aus dem Drachen ist ein Schwan und dann ein Pelikan geworden, der die opferbereite Liebe symbolisiert, und zuletzt der Phönix, aus dessen Asche neues Leben erwachsen wird. Christian Rosenkreuz gehört zu den wenigen Auserwählten, denen im achten Stock die Aufgabe beschieden wird, aus dieser Asche zwei „engelschöne Kindlein", einen Jungen und ein Mädchen, zu modellieren, die, durch das Blut des Phönix ernährt, zu Erwachsenen werden, deren Leib gereinigt und verklärt und deren Geist sublimiert wurde. Die letzte Phase ist ihre Beseelung. Wie eine Flamme gelangt die Seele durch ein Rohr von oben wieder in die beiden Körper, und der Verfasser präzisiert: „dies geschah bei jedem dreimal". Also werden sie nach der Wiedergeburt nicht nur ihre eigene Seele, sondern auch die Seelen ihrer Ahnherren in sich haben, und so werden sie mit dieser verdreifachten, tief verwurzelten Lebenskraft ihre Hochzeit feiern können.

Es ist bemerkenswert, daß Christian unmittelbar vom sechsten zum achten Stock des Turms aufsteigt, um diese letzte Phase der Verwandlung und Verlebendigung zu vollenden, während die anderen Adepten, die in der Alchemie nur ein Mittel zur Herstellung des philosophischen Goldes sehen, im siebenten Stock geblieben sind. Die Bedeutung ist klar: Christian und die anderen haben jeweils einen siebenstufigen Prozeß durchgemacht, aber die traditionellen Alchemisten arbeiteten im Licht der Natur, während Christian die „himmlische Kunst" betrieb.

Deswegen ist es kein Zufall, daß die Rückkehr zum Schloß am siebenten Tag stattfindet. Blaise de Vigenère hatte in seinem 1586 erschienenen *Traité des chiffres* die Zahlensymbolik analysiert, und man wußte sowieso, daß die Siebenzahl die Vier als Sinnbild der Erde mit der Drei als Symbol des Himmels kombiniert, und vor allem, daß nach der Genesis Gott „am siebenten Tage von allen seinen Werken (ruhete), die er machte". Das alchemistische Werk ist am sechsten Tag vollendet, das Fürstenpaar und Christian verlassen die Insel auf zwölf Schiffen, deren Fahnen die Tierkreiszeichen tragen, die auch an die Zahl der Auserwählten gemahnen, die nach der Johannes-Apokalypse mit dem Siegel des lebendigen Gottes ausgezeichnet sind (Off.

7, 1–8). Zudem entdeckt Christian in seinem Schiff „eine herrliche Uhr, die uns alle Minuten anzeigte". Erinnert man sich, daß nach der *Fama Fraternitatis* „Gottes Uhr alle Minuten (schlägt), die unsrige jedoch kaum die ganzen Stunden", so sieht man ein, daß die in der *Chymischen Hochzeit* dargestellten Ereignisse sich in einer apokalyptischen Zeit abspielen.

Da aber dieser göttliche Zeitablauf die historische Zeit nicht abgelöst hat, ist Christian Rosenkreuz *Ritter zum Goldenen Stein* geworden. Dies bedeutet, daß Christus, der *Lapis* par excellence, die Quintessenz des Goldes und der Sonne, ihm die geistliche Ritterschaft verleiht, zu der jeder Wiedergeborene berufen wird. Diese Vorstellung des christlichen Streiters hat ihre Wurzeln im Epheserbrief, und Luther nahm den Gedanken wieder auf, als er schrieb: „... Weil ihr andere Krieger und andere Feinde wider euch habt, so müßt ihr auch anderen Harnisch haben, denn die Welt machen kann".

Am Ende des Romans genießt Christian die Gunst des jungen Königs, denn er hat durch Gottes Gnade an seiner Wiedergeburt teilnehmen dürfen. Der Fürst sagt ihm sogar, er „sei sein Vater", und er fügt hinzu, Gott habe ihm, Christian, „ganz besonders viel Glück verliehen". Im Laufe der Handlung wird mehrmals auf Christians besondere Berufung angespielt, und er bemerkt einmal zu Recht: „Ich war darum Gott herzlich dankbar, daß ich mehr als die andern gesehen hatte." Und doch scheint seine Neugier die Ursache dafür zu sein, daß er am Schluß des Romans halb in Ungnade gefallen ist: weil er die Göttin Venus nackt gesehen habe, sei er verurteilt, das Türhüteramt zu übernehmen, anstatt nach Hause zurückzukehren. Aber diese scheinbare Strafe erscheint in Wirklichkeit als Ehrenbezeigung, wenn man dieses Schicksal mit dem des Propheten Daniel vergleicht, von dem es in der hebräischen Fassung der Bibel heißt, daß er „an der Tür des Königs", *also ihm stets zur Verfügung stand*. Diese übertragene Bedeutung erklärt den scheinbaren Widerspruch am Schluß des Romans, als der Leser erfährt, daß Christian „im Glauben, er müsse (...) Torhüter sein, heimgekommen" ist.

2. Interpretation der Erzählung

Schon in der Entstehungszeit der *Chymischen Hochzeit* gab dieser Roman den Zeitgenossen manche Rätsel auf. Radtichs Brotoffer, der sich 1617 bemühte, den alchemistischen Sinn dieser Erzählung herauszuschälen, mußte gestehen: „... sie verbirgt sich in solchen figürlichen, verblümten und verdeckten Worten (...) daß unter hunderttausend kaum einer gefunden wird, der etwas Nützliches und Heilsames daraus fassen könnte." Diese Ratlosigkeit weist auf die eigentliche Absicht des Verfassers Johann Valentin Andreae hin, der darauf bedacht war, die Naivlinge in die Irre zu führen. Ein Jahr nach der Veröffentlichung der *Chymischen Hochzeit* publizierte er 1617 als Anhang zum *Menippus* einen Dialog mit dem Titel *Institutio magica pro curiosis*, in dem Christianus seinen Gesprächspartner Curiosus glauben läßt, daß er ihn in die Magie einweihen wird, und ihn durch diesen Trick in das Studium der *magia naturalis* einführt. Durch den Gebrauch der Metasprache gelingt es also dem Verfasser, seine Leser umzustimmen, und in dem Fall der *Chymischen Hochzeit* „parabolisiert" er das hergebrachte Symbolsystem der Alchemie, indem er einerseits den gewöhnlich dargestellten Vorgang nicht respektiert und andererseits in den verwendeten Sinnbildern die Bilder so prägnant bezeichnet, daß sie ihre Funktion als Träger eines vorherbestimmten Bezeichneten teilweise einbüßen.

Die spekulative Alchemie hatte sich schon lange die christlichen Symbole angeeignet, um das *Opus* zu charakterisieren. In der *Aurora consurgens*, die 1593 teilweise veröffentlicht und dem heiligen Thomas von Aquin zugeschrieben wurde, diente die Heilige Schrift als Gleichnis für die Alchemie, und der Herausgeber meinte, der Autor habe das christliche Geheimnis aufs profanste verdreht. In der Tat sah der Alchemist in dem Mercurius den Heiler der Materie, ein Bild der *Incarnatio Christi*, und er verglich den *Lapis philosophorum* mit Christus und mit der Trinität: das Gold opfert sich für die unvollkommenen Körper, er „tingiert" und „transmutiert" sie, er verleiht ihnen das ewige Leben. Deswegen waren gewisse Alchemisten geneigt, ohne jede Gotteslästerung diesen Transsubstantiationsvorgang in Form der Messe darzustellen.

In der *Chymischen Hochzeit* ist es umgekehrt. Durch das heiter-ernste Spiel mit dem alchemistischen Prozeß regt der Verfasser seine Leser zur allegorischen Deutung einer „anderen", himmlischen „Kunst" an, die die Erkenntnis in dem „Licht des Himmels" voraussetzt. Mit dem Symbolsystem der Alchemie wird nicht die Erlösung der Natur, sondern der *Hierosgamos* von Christus und seiner Kirche dargestellt. In dem Maße, wie diese Erzählung mit dem traditionellen Duktus der alchemistischen Bücher gebrochen hat, gehört sie in die Kategorie jener phantastischen Literatur, die zugleich dem Bedürfnis nach einer Welt der Transzendenz hinter der realen Welt Genüge tut.

Außerdem macht die alchemistische Prozeßbeschreibung einen bescheidenen Teil der Erzählung aus, die sonst eine bald humorvolle, bald märchenhafte, bald leicht erotische Ausprägung hat. Manche Indizien lassen auf genaue literarische Einflüsse schließen: der allegorische Zug der Tugenddamen fand sein Vorbild in der *Psychomachia* von Prudentius, die Rätselepisode in der *Chymischen Hochzeit* geht ohne Zweifel auf den *Decamerone* und den *Filocolo* von Boccaccio zurück, und die Venusszene erinnert an den *Songe de Poliphile*, den François Béroalde de Verville im Jahre 1600 nach der *Hypnerotomachia Poliphili* von Francesco Colonna veröffentlicht hatte (siehe hierzu die Studien von Ilana Zinguer).

Aber die Hauptquelle wird in der Erzählung selbst kryptographisch angegeben: sie ist in der Gedankenwelt des Paracelsus zu finden, der sich die allgemeine Weltgeschichte als Verwirklichung der göttlichen Alchemie vorstellt. In seinem *Jesaja-Kommentar* sieht er in Gott den Alchemisten, der unter Trennung der Elemente die Reinigung und Vergeistigung der Schöpfung bewirken wird: „(Gott) legt seine Hand an und reinigt das Gold von allen Schlacken (...). Das scheidet er, so er seine Hand anlegt, vom Bösen, er läßt nichts vermischt, und bringt es dahin, daß alles wird wie am ersten, so wird werden ein Hirt und ein Schafstall, und alle Dinge wie am ersten der

Kindheit“ (II, VII, 4, 258 ff.). Und in seinem *Danielkommentar*, der das lebhafteste Interesse der für Apokalyptik aufgeschlossenen Wendezeit vom 16. zum 17. Jahrhundert erregte, beruft er sich auf den Traum von den vier Weltreichen und erklärt diesbezüglich: „(Gott) wird das Gold wieder aus diesem Pulver suchen und wird die vier Königreiche, so hernach kommen, austun“ (II, 7, IV, 307), und das Endergebnis dieser himmlischen Alchemie wird die „goldene Welt“ (*De generatione et destructione regnorum*, II, 2, 149) sein. Paracelsus bemerkt aber, daß der Mensch in diesem Prozeß nur die Rolle einer Hilfskraft zu spielen habe; deswegen handelt Christian Rosenkreuz immer unter der Obhut der Jungfrau Alchimia, und er kann schließlich nur das Türhüteramt bekleiden. Aber als Ritter vom Goldenen Stein erhält er eine Medaille mit zwei Wahlsprüchen: „Die Kunst(=Alchemie) ist die Dienerin der Natur“, und „Die Natur ist die Tochter der Zeit“, und zudem sagt das erste Gebot der Ritterschaft, daß die Natur Gottes Dienerin sei. Das bedeutet, daß er von Gott beauftragt wird, sich den Naturwissenschaften zu widmen und der Natur als Geburtshelfer zu dienen, denn „sie bringt nichts an den Tag, das für sich vollendet wäre, sondern der Mensch muß es vollenden. Diese Vollendung heißt Alchemie“ (I, 8, 181).

Deswegen ist es nicht verwunderlich, daß die Wiedergeborenen, die auf dem mysteriösen Schloß wohnen, wo die „chemische Hochzeit“ stattfand, über verschiedene Laboratorien verfügen und Experimente durchführen. Und der Engländer John Dee (1527–1607), der durch sein „Mathematicall Preface“ zur ersten englischen Übersetzung der *Elemente* von Euklid als Bahnbrecher der *Scientia Experimentalis* gilt, beeinflußte auch den Verfasser der *Chymischen Hochzeit*, denn seine *Monas Hieroglyphica*, die den ganzen alchemistischen Prozeß graphisch veranschaulicht, die aber auch Alpha und Omega, die Einbezogenheit der Stofflichkeit in das erlösende Kreuz durch den Übergang von der Trinität zur Quaternität und infolgedessen den *Hierosgamos* des Schöpfers mit seiner Schöpfung symbolisch darstellt, war auf dem Einladungsbrief am Anfang des Romans abgebildet.

IV. Das Problem der Autorschaft

1. Die Verfasserfrage

Die drei Urschriften des älteren Rosenkreuzertums waren anonym erschienen, aber ihre Veröffentlichung löste einen solchen Wirbel aus, daß die Zeitgenossen sich auf die Suche nach dem Autor machten und sehr schnell auf die Spur eines jungen Theologiestudenten aus Tübingen kamen. Johann Valentin Andreae (1586–1654) gehörte durch seine Mutter dem führenden württembergischen Bürgertum an, und sein Großvater war der einflußreiche Tübinger Theologe und Universitätskanzler Jakob Andreae gewesen, der an der Redaktion der *Formula Concordiae* (1580) teilgenommen hatte. Der junge Johann Valentin hatte selber die Laufbahn eines Pfarrers in Aussicht, aber er wurde 1607 in einen Skandal verwickelt, dessen Ursache ein anonymes Pasquill war, in dem die Tochter des württembergischen Kanzlers Matthäus Enzlin aufs Korn genommen wurde, und mußte infolgedessen sein Studium in Tübingen unterbrechen und konnte es erst nach fünf Jahren wiederaufnehmen. Er hatte Umgang mit Kreisen, die mit der offiziell an der Universität betriebenen Scholastik nicht zufrieden waren, und verkehrte u.a. mit Tobias Heß (1558–1614), der in Tübingen zum Ärger der medizinischen Fakultät als paracelsischer Arzt praktizierte und sich überdies für die Prophezeiungen des Marbacher Präzeptors Simon Studion begeisterte. Seine Auslegung von Matthäus 24, 37 führte ihn dazu, auf Grund einer Bußzeit von 120 Jahren, die er von der Geburt Luthers an rechnete, das Jahr 1603 für den Anbruch des Zeitalters des Heiligen Geistes vorherzusagen. Zu Andreaes Freunden zählte auch der Juraprofessor Christoph Besold (1577–1638), der sich durch seine vielseitige Bildung und seine Neigung zum Spiritualismus auszeichnete und seine umfangreiche Privatbibliothek dem jungen Andreae zur Verfügung stellte.

Ab 1614 trat Andreae die kirchliche Laufbahn an, die ihm 1638 die Würde eines Hofpredigers und Konsistorialrats in Stuttgart einbrachte, und er wurde auch mit geheimen diplomatischen Missionen beauftragt. Indessen entwickelte er eine rege literarische Tätigkeit, und wegen seiner Neigung zur Satire zog er sich die erbitterte Feindschaft von prominenten Leuten zu. Mit der Rosenkreuzeraffäre scheint er nie wirklich fertig geworden zu sein: bis 1630 waren etwa 300 Schriften für oder gegen diese fiktive Bruderschaft erschienen, und die Lobredner waren ihm ebenso unangenehm wie die Kritiker, so daß er sich sein ganzes Leben lang verteidigen und rechtfertigen mußte.

Andreae bekennt in seiner Selbstbiographie, deren Manuskript er seinem Wohltäter Herzog August von Braunschweig-Lüneburg geschickt hatte und die erst 1799 veröffentlicht wurde, daß er der Verfasser der *Chymischen Hochzeit Christiani Rosenkreutz* gewesen sei, einer scherzhaften Erzählung, die er 1603, also im Alter von 17 Jahren, niedergeschrieben habe. Dieses streng vertrauliche Geständnis erscheint sonst nirgends in seinem übrigen Schrifttum, in dem seine Anspielungen auf die Rosenkreuzeraffäre meistens sehr sibyllinisch bleiben. Im *Theophilus* (1622 geschrieben, erst 1649 veröffentlicht) antwortet er dem neugierigen Leser: „Wenn du mich ausforschen willst, wirst du etwas Vergebliches unternehmen, wenn du Vermutungen aufstellst, wirst du dich täuschen, wenn du argwöhnst, wirst du unklug handeln, hältst du mir es aber vor, so suchst du mich zu verkleinern." Schon 1615, also gerade beim Erscheinen der *Confessio Fraternitatis*, beteuerte er in den *Herculis christiani luctae XXIV (Die 24 Kämpfe des christlichen Herkules)*, daß er in den Rosenkreuzerschriften nur „ein dunkles und gekünsteltes Gerede mitsamt der schrecklichsten und schändlichsten Leichtgläubigkeit" finden konnte. Später bekennt er in dem Aufsatz „Alethea exul", d.h. „Die Wahrheit im Exil" (in: *Mythologia christiana*, 1619), daß er in der *Fama* und der *Confessio* nichts anderes als Schwärmereien und Hirngespinste entdecken konnte, und er stellt fest, daß „der Scherz einer gewissen rosenfarbenen Bruderschaft" für manche Naivlinge zugleich eine „Leimrute" und ein Stein des Anstoßes geworden war. „Die Fama, die sie einberufen hatte, schickte sie zurück (...), und ich glaube, daß nur wenige Leute sich noch anstrengen werden, für dieses unsichtbare Bauwerk Backsteine zu brennen und Mörtel herbeizutragen" (*De curiositatis pernicie syntagma [Über die Plage der Neugierde]*, 1620).

Wegen der unzähligen Verleumdungen, mit denen Andreae nach wie vor überschüttet wurde, publizierte er 1619 die *Turris Babel*, eine Sammlung von humorvollen Dialogen, die darauf abzielten, das Stimmengewirr zu verspotten und die ganze Sache vernünftig zu beurteilen. Die „Fama" tritt in Person auf und zeigt durch ihre Inhaltsangabe des ersten Manifestes, wie sehr Andreae sich von den vorgespiegelten, leeren Versprechungen auf den Gebieten des Reichtums, der Langlebigkeit, der Allwissenheit, der politischen Macht distanzierte. Von der *Confessio Fraternitatis* erfährt man, daß sie alles in „ultrahumaner" Sprache darlege, und die zahlreichen Schriften, die im Sog der Manifeste entstanden, werden als „Phantasmen aus der Stadt Utopia" bezeichnet.

Indessen ist es merkwürdig, daß die *Chymische Hochzeit* in der *Turris Babel* unerwähnt bleibt, als ob der Verfasser durch dieses gewollte Versäumnis zu verstehen geben wollte, daß in der Fraternität der Rosenkreuzer das Kind nicht mit dem Bade ausgeschüttet werden sollte. Nach dem Gesprächspartner, der *Conjectans* (der Vermutende) heißt, muß die ganze Fabel das Produkt eines erfinderischen Kopfes sein. *Poenitens* (der Büßende) meint, sie sei bloß eine Fiktion, die aber einigermaßen nützlich sei. Und *Resipiszens* (der Reuige) behauptet vor der personifizierten Fama: „... diese eine Sorge nur habe ich noch, ich fürchte, man hat die Schriften, die im Namen der Brüderschaft herausgekommen sind, nicht genau und sorgfältig unterschieden. Denn einige sind offenbar kurzweilige Schriften („ludicra"), einige verworren, einige nichtswürdig, einige hinterlistig, einige aber auch fromm und gottselig. Alle zeugen von einiger, manche von sehr großer Gelehrsamkeit, eine oder die andere schmeckt nach offenbarem Betrug. Wer sie untereinander mengt und für desselben Geistes Erzeugnisse hält, wird ohne Zweifel getäuscht. Denn so würde die Welt gebilligt, Christus verworfen, die Eitelkeit gelobt, die Tüchtigkeit beschuldigt, der Betrug geschätzt, die Vernunft vernachlässigt, die Lüge geehrt, die Wahrheit verachtet. Wie ich also zwar die

Gesellschaft der Fraternität selbst aufgebe, so werde ich doch nie die wahre christliche Brüderschaft verlassen, die unter dem Kreuz nach Rosen duftet und sich von den Befleckungen, Verwirrungen, Torheiten und Eitelkeiten der Welt so weit wie möglich entfernt; sondern in diese wünsche ich mit jedem Frommen, Verständigen und Klugen einzutreten."

Im Vorwort zur *Christianopolis* (1619), einer utopischen Insel und Christenstadt, die die unsichtbare Gemeinschaft der über die ganze Welt verstreuten, echten Christen veranschaulicht, weist Andreae auf die drei Stufen der rosenkreuzerischen Fraternität hin: zuerst wurde den sogenannten *curiosi*, die immer nur nach Phantastik lechzen, Wunderbares und Ungewöhnliches preisgegeben; dann sprach die Fraternität aber diejenigen an, die auf die Verbesserung des religiösen, geistigen und politischen Lebens hofften, und schließlich legte sie besonderen Nachdruck auf die Nachfolge Christi.

Diese beiden Hinweise, aus *Turris Babel* und aus *Christianopolis*, geben Aufschluß über den eigentlichen Anteil von Johann Valentin Andreae an der Entstehung der Urschriften des Rosenkreuzes. So erklärt man sich den scheinbaren Widerspruch in der Stellung, die er manchmal in derselben Schrift zur Frage der Rosenkreuzer einnimmt. Alethea, also die Allegorie der Wahrheit, deutet sie bald als ein gefährliches und fatales Spiel, bald als ein „ziemlich kluges Spiel, das eine maskierte Person auf der literarischen Bühne spielen wollte, besonders in einem Alter, das sich für alles begeistert, was ungewöhnlich ist" (*Mythologia christiana*). Es ist nicht zu leugnen, daß der junge Andreae in die Sache verwickelt war, aber es ist ebenso sicher, daß er sie nicht vollkommen billigte. Eine solche Zweideutigkeit mag uns heutzutage seltsam, ja unbegreiflich vorkommen, aber sie wird erst verständlich, wenn man die Situation eines jungen Diakonen und Pfarrers in Württemberg, wo die lutherische Orthodoxie allmächtig war, berücksichtigt, der zudem schon wegen einer unklaren Affäre hatte auswandern müssen, und trotzdem gewisse, in den Rosenkreuzer-Schriften enthaltene Gedanken, die er für richtig hielt, durchzusetzen versuchte.

Demzufolge verwendete er lieber die subtile Methode der „Berichtigung“: in dem Maße, wie er den gedanklichen Inhalt der *Fama* und der *Confessio* nicht vollkommen billigte, veröffentlichte er ohne Verfassernamen zwei andere Schriften, die ihnen zum Teil thematisch verwandt sind und die deren Bedeutung untergründig korrigieren: der *Fama Fraternitatis* entspricht die *Chymische Hochzeit*, und von der *Confessio Fraternitatis* hat er in die *Theca gladii spiritus* Elemente aufgenommen, die in seine religiöse und philosophische Denkweise hineinpaßten.

Aus der vorigen Untersuchung wird ersichtlich, daß der Name Christian Rosenkreuz in der *Fama Fraternitatis* und in der *Chymischen Hochzeit* zwei verschiedene Menschen zu bezeichnen scheint: der eine ist ein gelehrter, reicher und mächtiger Magier, der andere ein armer, demütiger Einsiedler, der sich seiner Unwissenheit und Fehlbarkeit bewußt ist und doch von der göttlichen Gnade begünstigt wird. In der *Fama* werden die Mitglieder der Fraternität kooptiert, und die Regeln des Ordens verleihen ihnen durch die Kenntnis der Natur Zauberkräfte. In der *Chymischen Hochzeit* wird die Bruderschaft durch einen Ritterorden ersetzt, in den man allein durch Gottes Gnade aufgenommen wird, und die Gaben, die jedem Ritter beschert werden, sind nicht auf ein gewisses Wissen, sondern auf die Selbstaufopferung zurückzuführen.

Zwar berufen sich beide Werke ausdrücklich auf Paracelsus, und die Natur wird jeweils gepriesen, aber die *Fama* versteht sich ganz im Licht der Natur, während die *Chymische Hochzeit* die göttliche Alchemie im Licht der Gnade verherrlicht und die Geheimnisse der Schöpfung allein den Wiedergeborenen eröffnet: dies wird durch den Umstand symbolisiert, daß Christian am Ende der Erzählung auf sein Goldenes Vlies verzichtet. Dem selbstsicheren Optimismus der *Fama*, die den Adel und die Herrlichkeit des Mikrokosmos preist, steht die Demut des Eremiten Christian entgegen, der sich daran erinnert, daß „der Schöpfer ihn klein gemacht hat“. Dem unermeßlichen Wissen, das der Ordensstifter der *Fama* bei den Weisen im Orient aufgespeichert hat, steht in der *Chymischen*

Hochzeit das Gefühl der Unwissenheit gegenüber. Der Wahlspruch des auserwählten Ritters vom Goldenen Stein ist: „Summa scientia nihil scire“, die höchste Weisheit ist, nichts zu wissen. Aus diesem kurzen Vergleich ergibt sich der wesentliche Unterschied zwischen beiden Rosenkreuzer-Schriften: die *Chymische Hochzeit* ist eine Aufforderung zur Erreichung der dritten Stufe, die die *Christianopolis* angibt, nämlich zu Christi Nachfolge und zum tätigen Leben als Frucht des Glaubens.

Die von Andreae durchgeführte Richtigstellung der *Confessio Fraternitatis* war eigentlich noch klüger, und sie gibt Aufschluß über die Gedankengänge des Verfassers und über die Mittel, die er gebrauchen mußte, um seine Meinung durchzusetzen, ohne sich bloßzustellen. Im Jahre 1616, dem Erscheinungsjahr der *Chymischen Hochzeit*, und bei demselben Verleger Lazarus Zetzner in Straßburg, wurde die *Theca gladii spiritus*, eine anonyme Spruchsammlung, herausgegeben, die, wenn man dem Vorwort glaubt, zum Nachlaß von Tobias Heß gehörte. Es ist aber merkwürdig, daß für diese Schrift das gleiche geschah wie für die *Chymische Hochzeit:* fünfundzwanzig Jahre später behauptete Andreae in seiner nur an den Herzog von Braunschweig-Lüneburg gerichteten Lebensbeschreibung, daß die *Theca gladii spiritus* ganz aus seiner Feder, „plane mea“, sei.

Die aufmerksame Untersuchung dieses Textes führte tatsächlich erst vor einigen Jahrzehnten zu drei wichtigen Feststellungen: erstens enthält er Auszüge aus mindestens fünf Werken von Andreae, die zwischen 1615 und 1618 publiziert wurden; zweitens beweist die *Theca*, daß diese Werke, deren Inhalt für Andreaes Stellungnahme zum Problem der Rosenkreuzer aufschlußreich sind, schon vor der Veröffentlichung der Programmschriften wenigstens teilweise existierten, da Tobias Heß, der an dieser Sammlung teilgenommen hatte, 1614 gestorben war; und drittens enthält die Theca 28 Sprüche, die aus der *Confessio Fraternitatis* exzerpiert wurden.

Der Vergleich dieser Exzerpte mit dem lateinischen Text der ersten Ausgabe der *Confessio* zeigt, daß jede Anspielung auf das Rosenkreuz und seinen Gründer verschwunden ist. Von einer allmächtigen Fraternität ist keine Rede mehr, und an ihre Stelle treten die „Demütigen", die „Guten", die Gottes Gunst genießen. Das Wunderbare, Märchenhafte, die Hoffnung auf Macht, Allwissenheit, Ubiquität, ewige Jugend, sind auch getilgt worden, ebenso wie die Anspielungen auf das „Zeitalter der Zunge", die *sextae aetatis miranda*, oder eine neue Reformation. Hingegen wird auf „eine reine ungefälschte christliche Philosophiam" Nachdruck gelegt, deren Aufgabe wesentlich darin besteht, die Buchstaben oder Charaktere zu erforschen, die Gott ebenso dem Buch der Natur wie der Bibel einverleibte. Das fleißige und immerwährende Lesen der Bibel, die „der ganzen Welt Compendium" enthält, die Fähigkeit, „die Obscurationes und Verdunkelungen der Kirche" vorauszusehen, haben die *Confessio* und die *Theca* gemeinsam. Aber dieses Verständnis der göttlichen Schrift in der Bibel und in der Natur ist durch die babylonische Sprachverwirrung verdunkelt worden und bleibt allein den Menschen möglich, die auf die Welt verzichteten, durch Gottes Gnade erleuchtet und infolgedessen „Freunde des Königs" geworden sind und mit dem himmlischen Bräutigam Hochzeit feiern. Diese Ausdrücke erinnern an die *Chymische Hochzeit*, aber sie beziehen sich in der *Theca* nicht auf Christian *Rosenkreuz*, der in diesem Text niemals erwähnt wird, sondern auf Christian *Cosmoxenus*, dem Andreae außerdem eine Schrift gewidmet hatte, die 1615 unter dem Titel *De Christiani Cosmoxeni genitura, judicium (Gutachten von der Nativität des Christian Cosmoxenus)* gedruckt wurde.

In der *Theca gladii spiritus* befinden sich über dreißig Exzerpte aus dieser Schrift, die Christian Cosmoxenus als einen Wiedergeborenen bezeichnen, der als solcher zu der *Fraternität* der „Gottesfreunde" gehört. Er ging eine dreifache Ehe ein: der Seele mit dem Leib, des gesunden Glaubens mit dem heiligen Leben und „der verlobten Seele mit ihrem Bräutigam Christo", und er genießt „immerwährende Hochzeitsfreude". Dieser *Hierosgamos* verschafft ihm außergewöhnliche Vorteile: die Engel stehen ihm bei, und die ganze Natur dient ihm mit Hilfe der Philosophie, der Wissenschaft und der Technik. Er herrscht über sein Schicksal und über die Gestirne, in dem

Wort Gottes findet er die weiseste Struktur der ganzen *Machina mundi*, er wird der *Baumeister* der neuen Gesellschaft und ein *Priester* in dem Tempel der christlichen Gemeinde, aber das Allerheiligste ist ihm die *cohabitatio* der Seele mit Christus.

Eine Stelle aus dem Schlußwort des *Cosmoxenus*, die nicht in die *Theca* aufgenommen wurde, erklärt, daß dieser Mensch dem Namen nach als Fremdling auf Erden lebt: „Wenn du also unseren Cosmoxenus suchst, so wirst du ihn nirgends außer in Büchern oder auf Bildern finden, das heißt, daß er ein papiernes Wesen ist, der die Leute vergeblich anruft." Er ist Christian Rosenkreuz nahe verwandt, er ist, wie der Held der *Chymischen Hochzeit*, ein „Renatus" (ein Wiedergeborener), und als solcher vermag er den in die *Theca* wiederaufgenommenen Gedanken aus der *Confessio Fraternitatis* beizupflichten.

Die Exzerpte aus der *Confessio* folgen in der *Theca* auf eine Reihe von Auszügen aus dem zweiten Teil der *Invitatio ad Fraternitatem Christi*, die Andreae erst 1618 publizierte. Diese Sprüche unterstreichen die Notwendigkeit der Prüfung und der Buße, durch die die Christen sich Gott vollkommen anvertrauen. Sie brauchen nicht mehr auf die Gestirne oder auf die abenteuerliche Berechnung der Weltzeitalter zu achten, sondern geben sich ganz der Gnade Gottes hin. Solche Menschen sind nach Andreae in einer Fraternität vereinigt, die nichts Mysteriöses hat.

So zeugen der Aufbau der *Theca gladii spiritus* und die Auswahl der Zitate aus der *Confessio Fraternitatis* von der Absicht ihres Autors, den Sinn hervorzuheben, den er den Rosenkreuzerschriften geben wollte. Er entledigt sie der märchenhaften Einkleidung und plädiert für eine rein biblische Deutung dieser Texte. In diesem Lichte erscheint Christian Rosenkreuz als Paradigma der sogenannten *Cruce signati*, die nach der *Theca* durch die Wiedergeburt zu Sehern geworden sind und nun in der Lage sind, Gottes Wunder in der Natur zu erkennen. Nachdem Christian sich am Anfang der *Chymischen Hochzeit* als „Bruder von dem roten Rosenkreuz" vorstellte, wird er am Ende der Erzählung ein *Cruce signatus*, denn er trägt nur noch eine weiße Fahne mit einem roten Kreuz. Auf diese Weise wird sozusagen *sub rosa* und durch die Blume der Vorrang des bloßen Kreuzes vor dem Rosenkreuz angedeutet.

2. Entstehungsgeschichte der Rosenkreuzerschriften

Durch seine Tätigkeit als Geistlicher und durch zahlreiche Schriften bemühte sich Andreae sein ganzes Leben lang, in besonders schweren Zeiten der Frömmigkeitskrise, der kulturellen und sittlichen Dekadenz, der Drangsal und der Not, eine echte Verbrüderung der Christen zustande zu bringen und wenigstens in protestantischen Ländern den führenden Schichten und der Intelligenz die dringende Notwendigkeit einer Zusammenarbeit in den geistigen, politischen, sozialen und religiösen Bereichen vor Augen zu führen. Schon die Titel einiger Schriften Andreaes deuten auf diesen Vorsatz hin: die beiden Fassungen der *Invitatio ad Fraternitatem Christi* (1617–1618), die auf die Verschmelzung von Frömmigkeit und Leben hinzielten; der *Civis christianus* (*Der Christliche Bürger*, 1619), der im Sinne von Johann Arndts *Wahrem Christentum* (1607) in der Verinnerlichung den Weg zur Entdeckung der wiederhergestellten Natur und der Gottesstadt weist, die nur für die in der Welt verstreuten wahren Christen sichtbar ist; die *Reipublicae Christianopolitanae Descriptio* (*Beschreibung der Republik Christianopolis*, 1619), die als Offenbarung der unsichtbaren Gemeinschaft der Wiedergeborenen zu ihrer Verwirklichung aufzufordern scheint; die *Christiani amoris dextera porrecta* (*Darbietung der christlichen Liebeshand*, 1620), ein Aufruf zur Vereinigung aller aufrichtigen Christen und zur Verbesserung der Sitten in der Gesellschaft durch die Nächstenliebe; die *Christianae societatis Imago* (*Das Idealbild der christlichen Gesellschaft*, 1620), eine Programmschrift, die sich zum Ziel setzte, unter der Obhut eines aufgeklärten Fürsten nicht nur die religiösen und sittlichen Verhältnisse, sondern auch das politische Leben, die wirtschaftliche und soziale Situation und nicht zuletzt die Wissenschaft und die Technik wesentlich zu fördern. Letztere Schriften, die außerdem nur wenigen Leuten ausgehändigt wurden, hatten mit den Rosenkreuzerschriften nichts zu tun und zielten auf keine „Generalreformation“ ab; sie wendeten sich an die „Gottesfreunde“, die keine feste Gemeinschaft bildeten, aber durch den Glauben angeregt wurden, an der Verbesserung des Gemeinwesens und der Kultur zu arbeiten und zudem mitten in den Kriegswirren einander zu helfen. Am Vorabend des Dreißigjährigen Krieges war ein solcher Aufruf nicht rhetorisch: Schon 1614, aber auch noch im Jahre 1642 bemühte sich Andreae, bereitwillige Menschen aus verschiedenen europäischen Ländern in einer losen christlichen Gesellschaft zu vereinigen, die zur Pflege der echten Religion und zur Wiederherstellung der Wissenschaft beitragen würde.

Zudem vermittelt das Vorwort zur *Christianopolis* einen interessanten Hinweis auf den Sinn, den Andreae den Rosenkreuzerschriften geben wollte: Nach der Schilderung der Mißstände in der Religion, im Staat, in der Gelehrsamkeit sowie der Bemühungen einer Reihe von Theologen um die Beseitigung dieser Verderbnis erwähnt er nämlich eine gewisse „Fraternität“. Sie war, erklärt er, „meiner Meinung nach bloß ein Spiel (ludibrium)“, aber sie legte zusätzlich zwei sehr verschiedene Facetten an den Tag: zwar versprach sie ungewöhnliche, außerordentliche Dinge, die nur darauf hinzielten, die naiven Menschen zu übertölpeln, aber sie bedeutete andererseits die Hoffnung auf eine wirkliche Verbesserung der damaligen Verhältnisse und fügte überdies die Notwendigkeit der Nachfolge Christi hinzu. Daraus wird ersichtlich, daß Andreae das Rosenkreuz mindestens teilweise billigte, und seine wohlbekannte Neigung zur Satire konnte auch bei dieser Gelegenheit zum Vorschein kommen.

Außerdem liefern seine Lebensbeschreibung, sein Briefwechsel und seine Schriften weitere Indizien, die für seine teilweise Verantwortung an der Enstehungsgeschichte der Rosenkreuzer-Bewegung plädieren. Als Johann Valentin Andreae 1614 das geistliche Amt antrat, befand sich Europa in einer schweren Krise, deren Ergebnis der Dreißigjährige Krieg sein sollte. In religiöser und sittlicher Hinsicht waren die Folgen der lutherischen Reformation enttäuschend, insofern die Theologie sich zu einer Scholastik entwickelt hatte, die auf steifer und strenger

Orthodoxie beharrte. Die restriktive und falsche Interpretation des Prinzips *sola fide* (allein aus dem Glauben) hatte manche Christen dazu geführt, die „guten Werke" zu vernachlässigen, so daß Andreae im *Theophilus* an die Notwendigkeit des christlichen Wandels erinnern mußte: „Wo ein sittlich gutes Leben nicht vorhanden ist, da zeigt sich keine Frucht des Glaubens." Außerdem waren die evangelischen Landeskirchen in eine engere Bindung zum Staat hineingezogen worden, und die Landesherren waren in einer Zeit, wo der Absolutismus sich in manchen europäischen Ländern ankündigte, mehr und mehr geneigt, die Macht des Staatsapparats auf die Kirche auszudehnen. Andreae konnte dieses Übergreifen nicht akzeptieren, und er veröffentlichte 1633 eine Satire auf den Caesaropapismus, der er den Titel *Apap proditus* gegeben hatte, weil der Fürst ein „Papa inversus", ein umgekehrter Papst, sei. In Württemberg hatte Herzog Friedrich I. beschlossen, einen zentralistischen Beamtenstaat aufzubauen, und er regierte mit Hilfe seines Geheimrats Matthäus Enzlin. Das Pasquill gegen ihn und seine Tochter, das 1606 umlief, war wahrscheinlich von Andreae verfaßt worden, und der diesbezüglich geführte Prozeß hatte für ihn Auswirkungen, die oben schon erwähnt wurden.

Auch auf dem Gebiet der Wissenschaft erweist sich das erste Viertel des 17. Jahrhunderts als wichtige Übergangszeit. Im Jahre 1610 hatte Galilei den *Sidereus Nuncius* veröffentlicht, in dem er seine Erfindung des sogenannten „perspicillums", d.h. des Fernrohrs, der Öffentlichkeit zur Kenntnis brachte. In demselben Jahr 1610 publizierte Kepler seine *Dissertatio cum nuntio sidereo*. Die unterschiedliche Stellungnahme der beiden Gelehrten zu den Problemen der Epistemologie weist auf die Problematik der frühen Rosenkreuzerschriften hin. Mit Galilei beginnt nicht nur im Bereich der Astronomie, sondern für die Wissenschaft schlechthin, ein neues Zeitalter, das die zu untersuchende Natur als bloßes Objekt, als eine Maschinerie auffaßte. Andererseits hatte die direkte Betrachtung der Gestirne zur Folge, die bisherigen Vorstellungen, wie z.B. den Sonnenaufgang und -untergang, zu entwerten und eine Trennung von Sein und Schein zu statuieren, die jede Form der Symbolik unmöglich machte. Der Kosmos von Galilei und Descartes ist demnach nichts anderes als eine Ausdehnung ohne jede ontologische Tiefe. Ganz anders verhält es sich bei Kepler. Im Gegensatz zu Galilei denkt er, daß die Welt einen Sinn hat, und wenn Kepler mit ihm in der Überzeugung übereinstimmt, daß die ganze Welt mathematisch zu deuten sei, so unterscheidet er sich wesentlich von ihm, indem er dabei noch immer symbolisch und pythagoreisch denkt. In der 1619 erschienenen *Harmonia Mundi* behauptet Kepler wie der Psalmist, daß Himmel und Erde die Ehre Gottes erzählen. Zudem hatte er in der schon erwähnten Abhandlung *De stella nova* gegen die Unendlichkeit des Weltraums Stellung genommen, und er glaubte nicht an die Möglichkeit eines leeren Raums. In der *Fama Fraternitatis* finden wir ein Echo dieser Problematik in der Inschrift *„Nequaquam vacuum“* an dem Altar im Grabgewölbe von Christian Rosenkreuz.

Andreae hatte 1608 den obengenannten 28 Jahre älteren Tobias Heß kennengelernt, der zugleich Jurist, Arzt und Theologe war und sich für paracelsische Medizin, Kabbala, Chiliasmus und die joachitische Weltzeitalterlehre begeisterte, so daß er als „Utopiensis princeps, somniorum interpres et futurorum praescius“ (Fürst von Utopia, Traumdeuter und Weissager) galt und im Rufe stand, Geheimgesellschaften organisiert zu haben. Es ist bemerkenswert, daß Andreae ihm nach dessen Tod zwei wichtige Texte widmete, in denen das Wort *Fama* mehrmals kursiv gedruckt ist, als hätte der Verfasser seinen Lesern einen Wink geben wollen.

In der Tat war die erste Programmschrift der Rosenkreuzer wahrscheinlich das Resultat der Begegnung und Zusammenarbeit dieser beiden Männer. Die Entstehungsgeschichte könnte folgendermaßen gewesen sein: Der junge Andreae war sich der Tragweite der vielen Probleme bewußt, mit denen seine Zeit konfrontiert wurde. Zudem war seine Eigenliebe durch die Folgen der Pasquill-Affäre, die seinen Studiengang beeinträchtigten, schwer gekränkt worden, so daß man sich vorstellen kann, wie er die sagenhafte, allmächtige Gestalt eines Weltverbesserers hat imaginieren können, dessen Name zugleich aus dem

Wappen seiner Familie und dem Wappen von Luther, die beide ein Kreuz mit Rosen führen, entlehnt wurde. Der Beitrag von Tobias Heß hätte in den paracelsischen und chiliastischen Elementen der Erzählung bestehen können. Die *Fama Fraternitatis* war schon 1610 geschrieben worden, denn Handschriften zirkulierten schon um diese Zeit in Europa, und Carlos Gilly entdeckte kürzlich die Inkunabel der *Antwort an die lobwürdige Brüderschafft der Theosophen von RosenCreutz (...) ad Famam Fraternitatis einfältigst geantwortet. Anno 1612.* Der Umstand, daß die *Fama Fraternitatis* als Manuskript unter der Hand umlief, entsprach der bedrängten Lage, in der Andreae sich damals befand, und rechtfertigt die Definition, die er später von der Fiktion der Rosenkreuzer gab: „ein besonders geistreiches Spiel, das eine maskierte Person (...) in einem Alter, das sich für das Ungewöhnliche gern begeistert, habe spielen wollen".

Eine Stelle aus Andreaes Selbstbiographie erklärt durch die Blume, daß die Anfangsmonate des Jahres 1610 der Niederschrift „verschiedener Schriften" gewidmet worden seien, die danach von anderen veröffentlicht werden sollten. Geht es hier unter anderem um eine Anspielung auf die *Fama* und die *Confessio?* Im Laufe des Jahres 1610 bereitete sich Andreae auf die Verteidigung einer theologischen Dissertation über die Wahrheit der christlichen Religion vor. Damals stand er unter dem Einfluß des orthodoxen Tübinger Theologen Matthias Hafenreffer, der sich auch für Mathematik und Astronomie interessierte und mit Hilfe des jungen Andreae Forschungen über die Architektur des Tempels des Propheten Ezechiel durchführte. Um dieselbe Zeit las Andreae mit Begeisterung die soeben erschienenen *Vier Bücher vom wahren Christentum* des Generalsuperintendenten Johann Arndt, auf die er durch Wilhelm von Wense aufmerksam gemacht wurde. Um die Mitte des Jahres 1610 verdichtete sich auch die Beziehung zu dem Juristen Christoph Besold, dessen vorreformatorisch geprägte, mystische Theologie auf den jungen Andreae einen tiefen Eindruck machte. Ein anderes, wichtiges Erlebnis, das zur selben Zeit erfolgte, war Andreaes Aufenthalt in Genf, der

Hochburg des Calvinismus; dazu bemerkt er in seiner Selbstbiographie: „Entfernte mich nicht der Unterschied der Religion von Genf, so hätte mich die Harmonie der Sitten auf immer an diese Stadt gefesselt. Daher gab ich mir von dieser Zeit an alle Mühe, etwas dergleichen in unseren Kirchen einzuführen."

Das Jahr 1614 bedeutet für ihn das Ende der Wander- und Lehrjahre: er heiratet die Tochter des nachmaligen württembergischen Landprobstes und tritt in Vaihingen das Diakonenamt an, aber diese Ereignisse fallen merkwürdigerweise mit dem Erscheinen der *Fama Fraternitatis* zusammen. Es liegt auf der Hand, daß diese Publikation ihm damals nur Unannehmlichkeiten hätte bereiten können, und daß er eben deshalb nicht der Herausgeber gewesen sein kann. Wer aber hat diese Schrift dann herausgegeben? Ein wichtiges Indiz wird durch den Verlagsort gegeben, denn es ist bemerkenswert, daß die Rosenkreuzer-Manifeste weder in Württemberg publiziert wurden noch in Mömpelgard, wo der *Cosmoxenus* 1615 gedruckt wurde, noch in Straßburg, wo die *Chymische Hochzeit* und manche andere Werke von Andreae verlegt werden sollten. Die erste Ausgabe der *Fama Fraternitatis* erschien nämlich in Kassel bei Wilhelm Wessel, der 1594 ein Privileg erhalten hatte, das ihn verpflichtete, keine Texte zu drucken ohne die Zustimmung seines Fürsten, des Landgrafen Moritz von Hessen-Kassel, oder der von ihm ernannten Zensoren, und überdies in bestimmten Fällen das strengste Stillschweigen zu bewahren. Unter solchen Umständen kann die Hypothese aufgestellt werden, daß die ersten Ausgaben der *Fama Fraternitatis* und der *Confessio Fraternitatis* auf Befehl oder mit Erlaubnis jenes Fürsten erschienen, der in der Pansophie bewandert war, Alchemisten und Paracelsisten an seinem Hof hielt, und dessen Leibarzt seit 1612 kein anderer als Michael Maier war, der im Jahre 1618 in der *Themis Aurea* einen umfangreichen Kommentar der sechs Regeln der Rosenkreuzer aus der *Fama Fraternitatis* veröffentlichte.

Andreae berichtet in seiner Selbstbiographie über die vielen Verleumdungen, die ihm die Rosenkreuzer-Fiktion eintrug. Seine Teilnahme an der Geschichte war zu offenkundig, als daß er es sich hätte erlauben können, einfach unterzutauchen oder alle Beschuldigungen von sich zu weisen. Darum wählte er die Methode der Berichtigung, indem er 1616 in Straßburg die *Chymische Hochzeit* und die *Theca gladii spiritus* drucken ließ: die erstere war anonym, und die andere wurde Tobias Heß zugeschrieben, der im Jahre 1614 gestorben war. Aber damit ließen die Verleumdungen nicht nach. In einem Vorwort zu der *Mythologia christiana* (1619) beklagt sich Andreae über die vielen unbegründeten Vorwürfe, die ihm mit Wissen der „barbati und togati" gemacht wurden, und er stellt fest: „Ich mußte für Fehler büßen, die andere begangen hatten". In der *Turris Babel* (1619), mit der Andreae der ganzen Sache ein Ende setzen wollte, sagt die „Fama": „Fabula peracta est", die Vorstellung ist zu Ende. Doch genügte anscheinend diese Aussage nicht, denn er mußte noch im folgenden Jahr in der Schrift *De curiositatis pernicie syntagma* denselben Gedanken mit Nachdruck wiederholen: „Dieses Wolkenkuckucksheim hat jetzt die meisten Leute entlassen, die in die Schlinge geraten waren (...). Die Fama, die sie einberufen hatte, hat sie nun weggeschickt."

Aber die „Fama", die von der Rosenkreuzer-Fiktion verbreitet worden war, konnte eigentlich nicht verhallen; sie fand eine endlose Resonanz, weil sie sich in einem Mythos und in Symbolen herauskristallisiert hatte, die den latenten Möglichkeiten der menschlichen Psyche einen bildhaften Ausdruck verliehen und manche Motive und Inhalte des kollektiven Unbewußten sinnbildlich offenbarten. Also geschah es, daß das Rosenkreuz sich in die unendliche Reihe der Märchen und mythologischen Erzählungen einordnete, die von alters her zum heilbringenden psychologischen Gleichgewicht der Menschheit beitrugen. Die Ausarbeitung der Rosenkreuzerschriften ging selbstverständlich von einem wohlbewußten Vorsatz aus und entsprach einer bestimmten historischen und geographischen Situation, aber der Gebrauch der alchemistischen Symbolik führte notwendigerweise über diesen beschränkten Zweck hinaus. So gehörte es zum Schicksal des rosenkreuzerischen Mythos, sich selbständig zu machen und die vielfältigen Formen wieder zu durchleben, die er in der ganzen Menschheitsgeschichte annehmen konnte. Im folgenden wird von dieser umfangreichen Tradition von den Anfängen der Menschheit bis zur Gegenwart die Rede sein.

Zweiter Teil: Das Rosenkreuz in der Tradition

I. Mythische Vorgeschichte

Seit 1614 wurden über die Herkunft des rosenkreuzerischen Weltbildes so viele Hypothesen aufgestellt, daß ihre Untersuchung eine Herkulesarbeit wäre. Deshalb beschränkt sich das folgende Kapitel auf die Erwähnung der Mythen oder geistesgeschichtlichen Strömungen, die von den Befürwortern der Rosenkreuzer-Idee zu Andreaes Lebzeiten als Quelle angegeben wurden.

1. Adam

Der geheimnisvolle Apologet der Rosenkreuzer-Bewegung, der sich hinter dem Decknamen Irenaeus Agnostus verbarg, behauptet in einer seiner dithyrambischen Schriften, dem schon erwähnten *Clypeum veritatis* (*Der Schild der Wahrheit*, 1618), daß Adam das erste Mitglied des mysteriösen Ordens war.

Er folgerte wahrscheinlich diese überraschende Filiation aus der *Confessio Fraternitatis*, deren neuntes Kapitel erklärt, daß die magische Sprache der Rosenkreuzer nichts gemeinsam habe mit der babylonischen Sprachverwirrung. Da sie den „Buchstaben und Alphabeten“ entspricht, die Gott selbst „hin und wieder der heiligen Bibel“ und dem Buch der Natur einverleibte, knüpft sie an Adams Sprache an, und sie ist also mit der Ursprache verwandt, die nach der esoterischen Überlieferung im Paradies gebraucht und von den Tieren verstanden wurde. Diese Lichtsprache ist mit dem Sündenfall verlorengegangen, aber es kommt vor, daß sie wieder gehört wird. Zu Pfingsten erhielten die Apostel die Sprachengabe: durch die Ausgießung des heiligen Geistes waren ihre Reden so lichtvoll geworden, daß sie von allen Menschen verstanden wurden. Die *Confessio Fraternitatis* bezieht sich auf Henoch, der mit Gott und den Engeln sprechen konnte, und verweist auf Orpheus, der durch seine Gesänge die Natur bezauberte. Die sogenannte Vogelsprache, auf die der Koran sich bezieht, ist die Sprache der Götter und wird mit der echten geistigen Erkenntnis gleichgesetzt. Der deutsche Romantiker Novalis träumte später von einer geheimnisvollen Metasprache der Chiffren und Hieroglyphen, die zur Poetisierung der Welt beitragen sollte, und er sah in dem echten Dichter den Erlöser der Welt.

Es ist also durchaus begreiflich, daß ein Bewunderer des älteren Rosenkreuzertums im Lobeseifer Adam als Gründer der Bruderschaft bezeichnete. Gewisse gnostische und kabbalistische Traditionen machen aus ihm den Erfinder der Schrift, der Magie, der Astrologie und der Alchemie. Und die alchemistische Phase der *solificatio*, die in der *Chymischen Hochzeit* beschrieben wird, deutet vielleicht auf die Wiederherstellung des adamischen, paradiesischen Zustandes im Menschen hin, insofern die goldene Sphäre den Kopf von Christian Rosenkreuz symbolisiert, in den der ursprüngliche, paradiesische Adam, der „interior homo noster" ist, wieder eingestrahlt wird.

2. Altägypten

Dem *Silentium post clamores* (1617) von Michael Maier zufolge ließ sich die Rosenkreuzer-Idee auf Altägypten zurückverfolgen, und Spencer Lewis teilte noch diese Meinung in seiner *History of the Order Rosae Crucis*, die 1915/16 erschien: der uralte Orden vom Rosenkreuz soll um 1500 v. Chr. unter dem Pharao Totmes III. gegründet worden sein. Eine solche Verwurzelung ist nicht unbegründet, wenn man bedenkt, daß Plutarch in *De Iside et Osiride* von der ägyptischen Mythologie erzählte, und daß Andreae durch die Bibliotheken seines Vaters oder seines Freundes Besold Zugang zu den Werken dieses griechischen Schriftstellers haben konnte.

Ausschlaggebend in bezug auf die Rosenkreuzer-Fiktion ist in dem Osirismythos das Motiv der Wiedergeburt, das mit der Symbolik der Sonnenwanderung verbunden ist. Nach dem altägyptischen Glauben wird der Sonnengott Osiris von dem Unterweltgott mit List in eine Lade gelockt und getötet, wobei das Eingeschlossensein die Latenz vor der neuen Geburt wie in dem Uterus der Mutter Isis versinnbildlicht. So personifiziert Osiris die niedersteigende Sonne, während Horus die aufgehende Sonne darstellt. Nach vollendeter „Nachtmeerfahrt" zerstückelt der Unterweltgott die Leiche des Osiris und zerstreut die Stücke, aber die Mutter Isis sucht die Stücke zusammen (Vgl. das Emblema XLIV in der *Atalanta Fugiens* von Michael Maier [1618]). Der Mythos erklärt sich wie folgt: Osiris geht ein in die Lade (Mutter, Meer), wird nach der Zerstückelung wiedergeformt und erscheint in einem Sohne, Horus, bei Sonnenaufgang aufs neue. Die Zeugen dieses Mysteriendramas, die Mysten, erlebten das Ritual dieser Tötung und Auferstehung mit und konnten daraus eine Unsterblichkeitshoffnung schöpfen. Christian Rosenkreuz spielt sozusagen in der *Chymischen Hochzeit* die Rolle eines Mysten. Zudem zeigt die sechste Figur des *Splendor solis* (1598) den Adepten, der einen Mann zerstückelt hat, „auf daß er faul werde und vermehre sich und bringe eine unzählbare Frucht".

C. G. Jung betrachtete die ägyptische Triade Isis-Osiris-Horus als Vorbild der Trinität; er verwies auf die Wesenseinheit von Vater und Sohn (Osiris und Horus), während der „Ka" die Zeugungskraft des Gottes sei, also eine Präfiguration des Heiligen Geistes (11. Bd., 128 ff.).

Der ägyptische Kult, der den Eingeweihten vorbehalten blieb, bestand in der liturgischen Darstellung des Todes des Osiris, und der Pharao spielte die Rolle des Horus im Ritus der Auferstehung, denn der König galt als Sohn des Gottes, der sich in einer menschlichen Mutter selbst erzeugte und infolgedessen eine Art *theanthropos* (Gottmensch) war. Dieses Wunder geschah durch die Einführung in den Leib der Mutter des sogenannten *„Ka"*, d.h. des Lebenshauchs, der zugleich die Zeugungskraft des Gottes und die Seelen der Vorfahren war. Auf diese Weise bestand eine doppelte Dreieinigkeit, die sich einerseits aus der Triade Gottvater + Gottsohn + *Ka* und andererseits aus ihrer menschlich-göttlichen Entsprechung bei den Pharaonen zusammensetzte.

Der Vergleich mit den drei geopferten Königspaaren in der

Chymischen Hochzeit liegt nahe, und die Wiedergeburt des Königs und der Königin erinnert an die ägyptischen Mysterien und an die Worte des *Asklepios*, nach denen Ägypten das Abbild des Himmels sei. Hermes Trismegistos wurde mit dem ägyptischen Gott Thoth, dem vermeintlichen Erfinder der Alchemie, gleichgesetzt; und es gab in der Antike zahlreiche hermetische Gesellschaften, wie zum Beispiel die Poimandres-Gemeinde, die etwa zur Zeit der Geburt Christi entstanden sein soll und deren Einfluß sich im 2. Jahrhundert bis nach Rom erstreckte.

3. Eleusinische Mysterien

Michael Maier führte auch das Rosenkreuz auf die eleusinischen Mysterien zurück, und diese Beziehung wäre insofern gerechtfertigt, als dieses antike Mysterienwesen die Gnadenwirkung in der Permanenz und Kontinuität des Lebens sah. Die *Comoedi* der *Chymischen Hochzeit* könnte außerdem an die „Spiele" erinnern, über die Clemens Alexandrinus und Plutarch berichteten: Die Fruchtbarkeitsgöttin Demeter hat den Himmel verlassen und irrt neun Tage und neun Nächte lang auf Erden umher, weil ihre Tochter Kore von Hades entführt und in das Totenreich gebracht wurde. Der Demeterkult bestand in der Liturgie des Wandlungsvorgangs, in dem Kore durch Tod und Wiedergeburt hindurchging, bevor sie ihren *Hierosgamos* mit Zeus feierte. Im Laufe des Rituals wurden die kultischen Gegenstände ausgestellt, etwa wie auf dem tragbaren Altar in der *Chymischen Hochzeit*, und die Eingeweihten mußten neue Kleider anlegen.

4. Die Pythagoreer

Nach der *Fama Fraternitatis* soll es nicht heißen: „Hoc per Philosophiam verum est, sed per Theologiam falsum"; es soll keinen Widerspruch zwischen Philosophie und Theologie geben. Zu den Philosophen, die von der Bruderschaft hochgepriesen werden, gehört Pythagoras, der den Neupythagoreern als inkarnierter Gott galt. In der *Themis Aurea* sieht Michael Maier in den jährlichen Zusammenkünften der Rosenkreuzer „eine rechte Philosophische Pythagoreische Versammlung", und er lobt sie, der Regel des Pythagoras nachzufolgen, der seine Schüler verpflichtete, jeden Tag selbst zu prüfen, ob sie richtig gehandelt hatten. In seiner Würdigung der Rosenkreuzer meint er nämlich, daß Pythagoras und seine Nachfolger darauf bedacht waren, „zugleich die Reinheit des Körpers und die Unschuld der Seele an den Tag zu legen".

Die Mitglieder der pythagoreischen Gemeinde (Männer und Frauen) führten ein monastisches Leben. Die Neophyten waren dem Schweigen verpflichtet, sie waren nur Außenstehende. Erst nach der Einweihung durften sie als „Esoteriker" Mathematik lehren, und im dritten Grad erforschten sie als Physiker die Natur. Die asketischen Lebensregeln hatten zum Zweck, die verlorene Harmonie zwischen den Menschen und dem Kosmos wiederherzustellen. Die Pythagoreer glaubten, daß die im Körper eingekerkerte Seele sich nach dem Tod vom Körper trenne und sich in der Unterwelt (Hades) reinige, bevor sie in einen anderen Leib wandern müsse. Erst nachdem sie alle begangenen Fehler gesühnt hatte und von dem Lebensrad befreit wurde, durfte sie die unsterbliche Glückseligkeit erreichen.

5. Hinduismus

Das Problem der Seelenwanderung stellte sich vor allem im Hinduismus, auf den Michael Maier in der *Themis Aurea* anspielt: „Gewisse Philosophen der Antike strebten nach experimenteller Wissenschaft und studierten lieber die Natur als die Geisteswissenschaften, lieber die Dinge an sich als ihre Bedeutung und ihre Bezeichnung: es war der Fall bei den Magiern unter den Persiern, bei den Brahmanen in dem Hinduismus und bei den Priestern in Ägypten, und jetzt gilt es für die Brüder des Rosenkreuzes in Deutschland." Und in den *Symbola aurae mensae duodecim nationum* bemerkt er, daß die Brahmanen und die äthiopischen Gymnosophisten den Lehren der Pythagoreer zustimmten. Die *Confessio Fraternitatis* fragt ihre

Leser, ob es nicht herrlich wäre, daß man durch die Zauberkräfte der Bruderschaft zur Kenntnis der Geheimnisse der „Völker, die über dem Fluß Ganges in Indien wohnen", gelangen könnte.

In der Tat suchte der Tantrismus mit magisch-mystischen Mitteln die Seele vom Irdischen zu befreien, und das Ritual, das bald erotisch, bald rein geistig war, zielte auf die Abtötung der Begierden ab. Die Brahmanen betrieben die Magie, unter anderem beim Zeichnen von *Mandalas*, d.h. von Zauberkreisen, die als Meditationshilfe dienten. Die Brahmanen standen im Rufe, über Zauberkräfte zu verfügen, die sie sowohl im sozialen als auch im politischen Bereich ausübten; es heißt, daß sie die Kunst des Sehens und Wahrsagens beherrschten und daß sie leicht riesige Entfernungen zurücklegen konnten. Von der indischen Alchemie wird gesagt, daß sie Jugendelixiere zuzubereiten wußte. Mit Yogaübungen kombiniert, sollte die Alchemie den Menschen vom Gebundensein an die Körperlichkeit befreien. Der Merkur wurde im 14. Jahrhundert als die reinigende Kraft bezeichnet, die den Körper des Yogis in einen „himmlischen Leib" verwandeln und aus ihm einen Lebendig-Befreiten machen könne. Der Vergleich mit dem Wandlungsgeheimnis der *Chymischen Hochzeit* leuchtet ein, und die Ideen des *Karmas* und der Seelenwanderung werden noch im späteren Rosenkreuzertum eines Rudolf Steiner oder Max Heindel wieder auftauchen.

6. Gnosis

Im Westen wie im Osten enthält die Alchemie als Kernstück die Anthroposlehre der Gnosis und stellt eine Erlösungslehre dar. Auch das *Lectorium Rosicrucianum* von Jan van Rijckenborgh (Goldenes Rosenkreuz) glaubt an die Reinkarnation, bei der es sich um Wiedergeburt in menschlichen Körpern handelt. Es geht dieser modernen Rosenkreuzergemeinschaft darum, die Dialektik des Lichtes und der Finsternis, des Lebens und des Todes, der Liebe und des Hasses zu überwinden, und diese Befreiung von den dialektischen Banden wird am Ende einer langen Entwicklung durch die Selbstverleugnung erreicht, die den verklärten Menschen vom Rad der aufeinanderfolgenden Geburten und Tode losmacht. Diesem Vorgang hat Rijckenborgh den Namen *Endura* gegeben, eine Bezeichnung, die er dem Wortschatz der Katharer entnahm.

Die Gnosis spielte von Anfang an eine wesentliche Rolle in der Gedankenwelt der Rosenkreuzer. Für sie wie für die Gnostiker war der Kosmos ein Lebewesen mit einem Leib, einem Geist und einer Seele, wobei die Pflanzen eine vegetative oder Wachstumsseele und die Tiere eine sensitive oder Sinnenseele haben, während die Menschen zu diesen beiden Seelen hinzu noch die „intellektive" oder denkende Seele besitzen, die sie mit dem Vermögen der Sprache und der Vernunft begabt. Der Verstand ist ein diskursives Denken, aber er ist auch als „intellectus agens" etwas Göttliches und Schöpferisches. Richard Kienast, der 1926 eine Interpretation der *Chymischen Hochzeit* veröffentlichte, deutete die drei Königspaare als symbolische Darstellung der gnostischen Auffassung von der Seele.

Nach den streng dualistischen religiösen Strömungen des Gnostizismus in den ersten Jahrhunderten n. Chr. bilden die Natur und der Mikrokosmos nur die eine Hälfte der Welt. Die andere Hälfte, die nicht in der Materie gefangen ist, ist die Sphäre der Geister, der Engel, der unsichtbaren Gewalten und Archonten, und sie erstreckt sich bis zu Gott. Aber die beiden konzentrischen Bereiche sind scharf voneinander getrennt: oben ist das göttliche Reich des Lichtes, unten das Reich der Finsternis, das von dem Fürsten dieser Welt regiert wird. Ein Bild aus dem *Liber divinorum operum simplicis hominis* der Mystikerin Hildegard von Bingen, das in C. G. Jungs Buch *Psychologie und Alchemie* wiedergegeben ist (siehe dort Abb. 195), hat stark gnostisches Gepräge. Der Schöpfer der Welt ist auf diesem Bild Christus, dessen Kopf durch einen goldenen Ring mit dem Gesicht Gottvaters verbunden ist. Er hält vor der Brust in beiden Armen einen Flammenring, der das schaffende Feuerleben Gottes darstellt. Dieses Flammenrad ist aber innen von einem dunklen Rad begrenzt, welches das schwarze Feuer des Luzifer darstellt. In diesem Kreis führen sieben konzentrische Sphären zum

Mittelpunkt, zur schwarzen Erdkugel, vor der der Mensch als Mikrokosmos steht. Da er durch den luziferischen Feuerkreis von Gott und Christus getrennt ist, muß er, um erlöst zu werden, sich von der Stofflichkeit und den bösen Geistern befreien und durch die sieben Sphären aufsteigen, bis der Logos ihn zu Gott zurückführen wird. In der Liturgie der gnostischen Sekten gab es eine Folge von symbolischen Riten, die den irdischen Menschen in ein geistiges Wesen verwandeln sollten. Diese Wiedergeburt wurde vom Gnostiker wie ein *Hierosgamos* erlebt, als sei er die Braut, die im Hochzeitsgemach den Lichtsamen des göttlichen Bräutigams im Schoß empfange. Das Symbol lebt weiter in der Gnosis des Goldenen Rosenkreuzes, wo der Mensch noch die Erinnerung an seinen göttlichen Ursprung behält und durch eine völlige Umkehr von dem unsterblichen Funken in seiner Seele wieder ganz erleuchtet werden kann.

7. Hermetik

Das neuplatonische Motiv des Falls und der Rückkehr sowie die Auffassung der Natur als ein von Gott geschriebenes Buch verweisen auch auf die alexandrinische Hermetik, die sich seit der Renaissance einer besonderen Beliebtheit in der europäischen Intelligenz erfreute. Marsilio Ficino (1433–1499), der in Florenz unter dem Schutz von Cosimo de Medici den *Poimandres* aus dem Griechischen ins Lateinische übersetzte, war darauf bedacht, die Genealogie der sogenannten *prisca theologia* aufzustellen, deren Marksteine von ihm erwähnt werden: Zoroaster, der Astronom Atlas, Bruder des Prometheus, sein Nachkomme Hermes Trismegistos als Priester und König, aber auch Orpheus, Pythagoras und Plato. Besonders wichtig für den Lutheraner Andreae war der Umstand, daß der protestantische Geheimrat des Königs Heinrich IV., Philippe du Plessis Mornay (1549–1623), in seinem Buch *De la vérité de la religion chrétienne* (Antwerpen 1581) sich häufig auf Hermes Trismegistos berief, um zu beweisen, daß die ganze Natur ein Bild Gottes, der Makrokosmos „ein aufgeschlagenes Buch" sei. Er verglich die hermetische Auffassung der Schöpfung mit der biblischen Genesis und sprach von dem hermetischen „Sohn Gottes" als von dem Logos. Andreae bezeichnete du Plessis Mornay in seinem *Menippus* (1617) als „Leitstern seines Zeitalters", und die Rosenkreuzerschriften weisen ein hermetisch gefärbtes Christentum auf. Da die vorige Analyse dieser Texte schon darauf hinwies, werden hier nur einige Beispiele dieses Einflusses herausgegriffen: im Anklang an du Plessis Mornay begrüßt der Anfang der *Fama Fraternitatis* die glückliche Zeit, in der Gott erlaubte, daß sich die Erkenntnis seines Sohnes immer mehr erweitert. Außerdem beschreibt Poimandres im *Corpus Hermeticum* den Abstieg des Urmenschen, der sich mit der Natur vermählte, so daß die aus dieser Ehe stammende Menschheit zugleich an Gottes Licht und an der ursprünglichen Finsternis teilhat. Die μετανοια (Metanoia) ergibt sich aus der ανοδος (Anodos), d.h. der Auffahrt zu Gott, deren Phasen von Poimandres dargestellt werden: der materielle Körper wird aufgelöst, die Seele entledigt sich der sieben Laster und nimmt die *ogdoadische* (= achte) Eigenschaft an, bevor sie im Vater wiedergeboren wird. Manche Aspekte der hermetischen Heilslehre treten in der *Chymischen Hochzeit* wieder auf: das Feuer als Mittel zur Herstellung der lebendigen Wesen, die Überfahrt über das himmlische Meer, der Aufstieg zum Olymp, die Bedeutung der Ogdoas, die das achte Stockwerk in der *Turris Olympi* erklärt, die Deutung der Träume usw. Selbst Cupido erscheint im *Asclepius*.

8. Einfluß der Araber und der Sabäer

Anscheinend verdankt man die Überlieferung der griechischen Fassung des *Corpus Hermeticum* den Sabäern, die zwischen dem 6. und dem 11. Jahrhundert allein im Besitz dieser Manuskripte waren. Die Bewohner der *Arabia Felix* verehrten den dreimal großen Hermes, der zugleich König, Prophet und Philosoph war, und es hatten sich unter ihnen Gemeinschaften gebildet, die ausgedehnte astrologische und alchemistische Kenntnisse besaßen. Michael Maier berichtet in den *Symbola aurae mensae*, daß dort in der Antike zwei Säulen zu Ehren der beiden Divinitäten Osiris und Isis errichtet worden seien, die alle Geheimnisse der alchemistischen Kunst enthielten. Die Bibel erzählt von den Reichtümern und der Kultur der Sabäer: „die Königin von Reicharabien kam gen Jerusalem mit Kamelen, die Würze und Golds die Menge trugen und Edelsteine, Salomo mit Rätseln zu versuchen“ (2. Chr. 9, 1). Und die Weisen aus dem Morgenland wurden durch einen Stern zu dem Jesuskindlein geführt und schenkten Gold, Weihrauch und Myrrhe. Außerdem behauptete Michael Maier auf Grund von Aussagen des Isidor von Sevilla, daß der wunderbare Vogel Phoenix in der *Arabia Felix* lebe. Aus der *Fama Fraternitatis* wird ersichtlich, daß der Verfasser um die hermetische Bildung der Sabäer wußte, denn Christian Rosenkreuz soll seiner fiktiven Biographie zufolge in Damcar seine physikalischen und mathematischen Kenntnisse wesentlich erweitert haben.

Christians Initiationsreise geht dann weiter nach Fez. Nach dem Geographen Mercator (1512–1594), dessen berühmter Atlas von Andreae benutzt wurde, bedeutet dieser Name „aus Gold“. In Fez weilten viele Alchemisten und Wahrsager, die die Zukunft mit Hilfe einer *„zâïrja“*, die mit der Ars Magna des Raimund Lull verglichen werden könnte, vorausberechneten. Fez besaß zudem eine arabische Universität.

Die Rolle, die die Araber in der Aufbewahrung und Übertragung mancher Texte der alten Griechen spielten, ist allgemein bekannt, und man weiß, daß sie im 11. Jahrhundert nicht nur Aristoteles und Plato, sondern auch die Werke von Euklid, Archimedes, Ptolemäus, Hippokrates, Galenus abschrieben. Sehr groß war auch der Beitrag der arabischen Gelehrten auf den Gebieten der Algebra (arabische Etymologie!), der analytischen Geometrie, der Trigonometrie, der Arithmetik, der Alchemie (arabische Etymologie!). Im Bereich der Astronomie verdankt man ihnen die Erfindung oder die Verbesserung mancher Geräte, und der Versuch der astronomischen Schule Al-Andalus in Spanien, die „Exzentrikel“ und „Epizykel“ durch Figuren zu ersetzen, die den aristotelischen Grundsätzen weniger widersprechen, findet einen Anklang in der *Confessio Fraternitatis*. Abschließend kann festgestellt werden, daß gewisse Analogien bestehen zwischen den eben beschriebenen religiösen oder philosophischen Systemen und den Urschriften der Rosenkreuzer, aber diese Ähnlichkeiten sind insofern „mythisch“, als das prinzipiell Maßgebende jeweils die Gleichheit der Mythologeme ist. Die Hauptsache wäre also hier der Parallelismus mythologischer Motive, ohne daß auf mittelbare oder unmittelbare Einflüsse geschlossen werden könnte.

Es ist bemerkenswert, daß in demselben Jahr 1618, in dem Michael Maier bei den persischen Magiern eine mögliche Quelle des Rosenkreuzes zu entdecken glaubte, Andreae in dem satirischen Werk *Peregrini in Patria errores* einem Kapitel den Titel „Zoroaster“ verlieh. Er schildert eine dunkle Höhle, die der Wohnort eines Gymnosophisten ist. Da verkehren Pythagoras, verschiedene Gnostiker und Brahmanisten, aber auch der berühmte Thaumaturg Apollonius von Tyana, ein Wundertäter, der sowohl im Hinduismus als auch in der Orphik bewandert war. Peregrinus kann ihre bizarre Geheimschrift nicht entziffern, und wenn sie sprechen, glaubt er das Gebrüll von Rindern zu hören. Man findet in dieser Höhle wie in der Grabstätte von Christian Rosenkreuz ein Kompendium des Alls und geheime Bücher sowie seltsame Geräte, mit denen die im Meer und in der Erde verborgenen Schätze gehoben werden sollen. Außerdem erwähnt Andreae die Städte Fez und Damcar in der *Turris Babel*, um den Wahn der Rosenkreuzerei zu beweisen; er schlägt deshalb ironischerweise den leichtgläubigen Leuten vor, die die Rosenkreuzer um jeden Preis entdecken wollen, nach der Insel der Hesperiden zu segeln.

II. Vorgänger und Vorbilder

Außer den geistesgeschichtlichen Strömungen, deren Archetypen mehr oder weniger im Rosenkreuzertum wieder aufleben, bestehen Verwandtschaftsbeziehungen zwischen dem Weltbild der Rosenkreuzer und gewissen Denkern oder Künstlern des Spätmittelalters und der Renaissance, so daß enthusiastische Verehrer der Bruderschaft schon vor dem 17. Jahrhundert Anhänger dieses Geheimbundes zu entdecken glaubten. Fr. Wittemans stellte in seiner 1919 erschienenen *Geschichte der Rosenkreuzer* eine Zeittafel der Fraternität auf, die 1378, im legendären Geburtsjahr von Christian Rosenkreuz, einsetzt. Was hat es mit dieser Ansicht auf sich?

1. Dante Alighieri

Von Dante Alighieri (1265–1321) heißt es, er habe der Geheimgesellschaft *Fede Santa*, dem dritten Orden der Tempelherren, angehört, und zudem werde in einem Wiener Museum eine Medaille mit dem Bild des Dichters aufbewahrt, deren Kehrseite die Inschrift FSKIPFT trägt, deren Bedeutung sei: Frater Sacrae Kadosch, Imperialis Principatus, Frater Templarius. Wendet man sich der *Divina Commedia* zu, so kann man bemerken, daß die Wanderung der Seele des Verfassers durch die Hölle, das Fegefeuer und das Paradies eine ungefähre Ähnlichkeit aufweist mit Christians Abstieg zu der Begräbnisstätte der Könige und zum Lager der Venus, ehe er zum achten Stockwerk der *Turris Olympi* hinaufgeführt wird. Andererseits ist die „Comoedi", die den Schlüssel zum Verständnis der Chymischen Hochzeit gibt, gewissermaßen eine „Göttliche Komödie" der erlösten Menschheit. In Dantes „Paradiso" gelangt die Seele zum achten Himmel und sieht, wie die Menge der Auserwählten eine großartige Rose zusammensetzt, die in einer Abbildung aus dem 15. Jahrhundert wunderschön dargestellt wird. Am Anfang des 31. Gesanges schreibt Dante: „In der Gestalt einer weißen Rose erschien mir die ‚sancta militia', die Christus in seinem Blut heiratete...", wobei die drei Bestandteile: die heilige Hochzeit, die Lichtrose und das erlösende Kreuz vereinigt sind. Aber diese Triade beweist nichts anderes als die Kontinuität der Hauptsymbole der Menschheit.

2. Hieronymus Bosch

Bei dem großen niederländischen Maler Hieronymus Bosch (um 1450–1516) könnte man zu denselben Feststellungen kommen. Zwar gehörte er einer Marienfraternität an, aber es gab zahlreiche ähnliche Bruderschaften im Mittelalter. Nichtsdestoweniger meinte Clemens A. Wertheim Aymes in einer Studie über die geheime Symbolik von Bosch (Berlin 1957), daß der Maler Mitglied eines rosenkreuzerischen Konventikels gewesen sei. Sein Haus wurde „Rosenkranz“ genannt, auf einem seiner Bilder sei neben der heiligen Jungfrau ein Turm mit Rosen dargestellt, und bei einer ungeschickten Restaurierung des Gemäldes sei ein Kreuz verschwunden. Solche riskante Vergleiche sind aber nur der schlagende Beweis eines unbefangenen Eifers.

3. Agrippa von Nettesheim

Viel wahrscheinlicher war der Einfluß von Agrippa von Nettesheim (1487–1535). Nach W.-E. Peuckert (*Gabalia*, Berlin 1967) hatte er in Lyon einem heimlichen Bund angehört und dann in der Franche-Comté, die damals unter der Herrschaft der Habsburger stand, Kollegien über Reuchlins Kabbala gelesen. Sein abenteuerliches Leben trieb ihn nach London, Tunis, Paris, er wurde abwechselnd Leibarzt der Mutter des französischen Königs Franz I. und Historiograph des Kaisers Karl V., wurde dann der Magie angeklagt, floh wieder nach Frankreich und beendete sein Leben in Grenoble.

In seinem Hauptwerk *De occulta philosophia* hatte er auf Grund seiner hermetisch-platonischen Weltanschauung der Magie sozusagen ihre Adelsbriefe zu geben versucht. Da „der Schöpfer aller Dinge durch die Engel, die Himmel, die Gestirne, die Elemente, die Tiere, die Pflanzen, die Metalle und die Steine die Kräfte seiner Allmacht auf uns Menschen ausströmt, zu deren Dienst er dies alles erschaffen hat, so halten die Magier es für keine unvernünftige Sache“, daß wir uns all diese Kräfte aneignen und zu unserem Nutzen verwenden. Die Magie, wie er sie auffaßt, verbindet die drei wissenschaftlichen Fächer der Physik, der Mathematik und der Theologie. Die Physik lehrt die *magia naturalis*, die sich mit den Elementen beschäftigt und durch sie wirkt. Diese Elemente bestehen in den Archetypen als Ideen des zu Erschaffenden, in den Himmeln als Kräfte, in unserer Welt als konkrete Formen. Die Himmel und Sterne dienen als Werkzeuge, durch die die Ideen in der Materie eine Form annehmen. Infolgedessen besteht nach dem Prinzip der Analogie die Möglichkeit, die verborgenen Kräfte der Natur zu benutzen. Agrippa schreibt dazu: „Wenn du von irgend einem Teil der Welt oder einem Sterne eine Kraft zu erhalten wünschst, und du wendest dasjenige an, was in einer Beziehung zu diesem Sterne steht, wirst du seinen eigentümlichen Einfluß erlangen." Daraus „erklärt" sich die Wirkung der Amulette oder Talismane, der magischen Formeln, Schriften und Gebärden, durch die man verschiedene Krankheiten heilen kann. „Der Seele des Menschen wohnt eine Kraft inne, die Dinge und Menschen zu verwandeln (...), einen weniger Starken (zu) bannen und zu Bewunderung und zum Gehorsam (zu) zwingen". Also scheint die Wirkung der *magia naturalis* unbeschränkt zu sein. Anklänge an Agrippa von Nettesheim finden sich in der *Fama Fraternitatis*.

4. Paracelsus

Auch sein Zeitgenosse Paracelsus (1493–1541) glaubt an die magische Kraft der Seele. Paracelsus wurde in Einsiedeln, nicht weit von Zürich, als Sohn des Arztes und Scheidekünstlers Wilhelm Bombast von Hohenheim geboren. Er durchwanderte Deutschland, Italien, Frankreich, Spanien, Portugal, Polen, Ungarn, Skandinavien, Rußland und nach der Legende auch Afrika und Asien, besuchte die medizinischen Fakultäten in Paris, Montpellier, Wien, Köln. 1527 wurde er an der Universität Basel als Professor der Medizin, Chirurgie und Physik angestellt, wo er nicht nur durch den Inhalt seiner Vorlesungen Aufsehen erregte, sondern auch weil er sie in deutscher, nicht in lateinischer Sprache hielt. Infolge eines Prozesses mit einem Vertreter der Basler Honoratioren mußte er 1528 ins Elsaß flüchten und dann ein unstetes Wanderleben durch Deutschland, Österreich und die Schweiz führen. Über seinen Aufenthalt im Appenzeller Gebirge ist man nicht genau informiert, man weiß nur, daß er zugleich als Arzt und Prediger der Armen das Land durchwanderte. Vielleicht hatte er Kontakte zu Wiedertäufergemeinden. Immerhin nannte er sich „Doktor der Heiligen Schrift", und sein Interesse galt damals theologischen Problemen.

Auf seinen entscheidenden Einfluß auf das ältere Rosenkreuzertum wurde schon weiter oben hingewiesen. Es ist merkwürdig, daß Werke von und über Paracelsus sich in dem Grabgewölbe von Christian Rosenkreuz befinden, das 1484 vermauert wurde, während der berühmte Arzt und Philosoph erst 1493 geboren wurde. Ebenso anachronistisch ist die kryptographische Erwähnung seines Namens mit der Jahreszahl 1459 in der *Chymischen Hochzeit*. Wie dem auch sei, Andreaes Urteil über Paracelsus ist zweideutig: in der *Turris Babel* wird er unter den „Illuminati" wie Joachim von Fiore oder Guillaume Postel erwähnt, deren Zahlenspekulationen zur Erscheinung der *Fama Fraternitatis* beitrugen. In einem Apolog der *Mythologia christiana* gehört er zu denjenigen, die als unnötige *arcanorum scrutatores* (Geheimkundler) bezeichnet werden. Dagegen schildert eine andere Fabel desselben Werks die Angriffe des personifizierten Neids gegen Theophrastus und die Lobreden, in denen die „Fama" sich über diesen heldenhaften Arzt und Philosophen ergeht.

5. Giordano Bruno

In der Bibliothek von Christoph Besold, die der junge Andreae eifrig benutzte, befanden sich Werke des Philosophen der italienischen Renaissance, Giordano Bruno (1548–1600), der ein nicht weniger abenteuerliches Wanderleben führte als Paracelsus. Er trat 1563 in den Dominikanerorden ein, den er 1576 verlassen mußte, weil er der Ketzerei angeklagt wurde. Um 1580 hielt er sich in Genf auf und trat zum Calvinismus über, aber es entstanden bald Zwistigkeiten mit Theodore de Bèze. In Toulouse und dann in Paris hielt er Vorlesungen und erwarb sich dadurch die Gunst des französischen Königs Heinrich III., dem er 1582 sein hermetisches Buch *De umbris idearum* widmete. Ab 1583 weilte er in England, wo er das Buch *Spaccio della bestia trionfante* veröffentlichte, in dem er auf hermetischer Grundlage eine allgemeine Reformation der ganzen Welt beschrieb. Zwischen 1586 und 1591 lebte er in Deutschland, wo er nach fragwürdigen Zeugnissen den hermetischen Bund der „Giordanisti" gegründet haben soll, der sich besonders an die lutherischen Kreise richtete und der von Frances A. Yates als mögliches Vorbild der Rosenkreuzer-Bruderschaft betrachtet wurde. In Wittenberg publizierte er ein Werk über die *ars combinatoria* von Raimund Lull, und in Frankfurt erschien von ihm *De monade numero et figura*, ein lateinisches Gedicht, dessen Zahlenlehre auf Agrippa von Nettesheim und John Dee zurückgeht. Zu seinem Unglück kehrte er nach Italien zurück, wo er von der Inquisition zum Tode verurteilt wurde und 1600 auf dem Scheiterhaufen starb.

6. Heinrich Khunrath

Nicht fraglich ist der Einfluß von Heinrich Khunrath (1560–1605) auf die Urheber des älteren Rosenkreuzertums. In Leipzig geboren, studierte Khunrath Medizin in Basel und praktizierte dann in Hamburg und Dresden. Als Schüler des Paracelsus verfaßte er in geschraubtem Stil theosophische Schriften; sein berühmtestes, heute noch gepriesenes Werk war das *Amphitheatrum sapientiae aeternae*, das 1602 erschien. Der lutherische Theologe Johann Arndt (1550–1621), den Andreae sehr bewunderte, schrieb anonym ein *Iudicium und Bericht eines erfahrenen Cabalisten und Philosophen über die 4 Figuren des großen Amphitheatri D. Heinrici Khunradi*, das 1608 als Anhang zu dem Werk *De igne magorum philosophorum* von Khunrath gedruckt wurde. Darin unterscheidet er die drei Lichter, von denen in den Rosenkreuzer-Urschriften die Rede ist: das Licht der Natur (Magie), die „Cabala" oder Erkenntnis des übernatürlichen Himmels und die Theologie als Licht Gottes. Es ist aber zu bemerken, daß trotz dieser ehrwürdigen Patenschaft das *Amphitheatrum* von Khunrath in den beiden ersten Auflagen der *Confessio Fraternitatis*, der lateinischen und der deutschen, die 1615 in Kassel erschienen waren, kritisiert wird, während dieser direkte Angriff in der Frankfurter Ausgabe (1615) verschwunden ist. Dieselbe zweideutige Stellungnahme zu den Schriften von Khunrath kennzeichnet die übrigen Werke von Andreae: in einem Apolog aus der *Mythologia christiana* greift er die Argumente der *Confessio Fraternitatis* wieder auf, und er spottet über die verschnörkelte, hochtrabende Schreibweise Khunraths und seine Geheimnistuerei. Und doch läßt eine ausführliche Analyse der *Chymischen Hochzeit* mehrere Ähnlichkeiten mit seinen Werken erkennen. In dem *Amphitheatrum sapientae aeternae* werden die „Söhne der Doktrin" „gewaschen und purgiert", sie können „orare et laborare" und werden schließlich wegen ihrer doppelten Einsicht in die Bibel und in die Natur als „Gottesfreunde" bezeichnet. Die Natur kommt mit Hilfe der Alchemie zur Erlösung, und der Stein der Weisen wird als makrokosmische Form des Heilands betrachtet. Außerdem ist das Motto der *Chymischen Hochzeit* aus dem *Amphitheatrum* übernommen worden. Und der Einfluß von Johann Arndts Kommentar zu einigen Figuren von Khunrath macht sich auch in der *Chymischen Hochzeit* insofern geltend, als gewisse Beschreibungen in dieser Erzählung ihnen nachgebildet zu sein scheinen, wie z.B. die Königsburg mit ihren Toren, mit der *Monas hieroglyphica*, dem Phoenix und dem *Lapis philosophorum*. In einem Dialog aus dem *Menippus* stellt Andreae fest, daß Khunrath mit seinen „mystischen Figuren" die ganze Welt faszinierte. Aber im Grunde genommen divergieren ihre Standpunkte, besonders in bezug auf den Stein der Weisen, in dem Khunrath „ein Bild des Gekreuzigten" sieht und „ohne zu blasphemieren" hinzufügt: „Aus dem Stein sollst du (...) Christus erkennen, und aus Christus den Stein."

7. Gutman, Sperber und Studion

Unter den Vorbildern des älteren Rosenkreuzertums müssen noch drei Namen erwähnt werden: Gutman, Sperber und Studion. Vom Lebensweg des geheimnisumwitterten Aegidius Gutman (1490–1584) weiß man sehr wenig. Auch er scheint viel und weit gereist zu sein auf der Suche nach der Wahrheit, aber die akademischen Künste waren nicht in der Lage, seine Wißbegierde zu befriedigen, bis ihm endlich ein Buch mit Namen *Falmad* in die Hände kam, in dem er das Geheimnis der Weisheit und des Wissens und die Notwendigkeit einer neuen Reformation gefunden haben soll. Erst 1619 erschien von ihm in Frankfurt ein über tausend Seiten umfassendes Buch mit dem vielsagenden Titel: *Offenbarung Göttlicher Mayestät, Darinnen angezeygt wird, Wie Gott der Herr Anfänglich sich allen seinen Geschöpffen mit Worten und Wercken geoffenbart, und wie Er alle seine Werck, derselben Art Eygenschafft, Krafft und Wirckung, in kürtze Schrifft artlich verfasst, und solches alles dem ersten Menschen, den Er selbst nach seinem Bildnus geschaffen, überreycht, welches dann biss daher gelangt ist.* Das Buch, das von dem Mäzen August von Anhalt posthum veröffentlicht wurde, war eine Auslegung des ersten Kapitels der Genesis und handelte von den zwei Quellen der Weisheit: aus der Bibel erlangen wir durch Gottes Sohn die ewige Weisheit, und wir gelangen durch das Buch der Natur zur Erkenntnis des Gottvaters. Wenn der Mensch im göttlichen Lichte ist, erweitert sich seine Wissenschaft auf die ganze Schöpfung, er kennt die Verwandlung der Metalle, die Arzneien zur Heilung der Krankheiten, er erlangt die Fähigkeit, mit einem Menschen, der sehr weit entfernt ist, reden zu können, in der Nacht oder unter der Erde ohne Licht zu sehen, kurzum, sich von dem Heiligen Geist in allen Wahrheiten leiten zu lassen.

Der Vergleich mit den Urschriften der Rosenkreuzer liegt nahe: einige Motive der Manifeste befinden sich schon bei Gutman. Übrigens enthält das Vorwort zur Edition seines Buches Gedanken, die denjenigen der *Fama* vollkommen ähnlich sind, aber diese Ähnlichkeiten rühren einfach von dem Umstand her, daß dieser Text erst anläßlich der Publikation, also 1619, verfaßt wurde.

Julius Sperber (?–1615) war Hofrat des Fürsten August von Anhalt und bewunderte die Schrift von Gutman, die er mit den Büchern des Propheten Esdras verglich und für deren Publizierung er eingetreten war. Was ihm darin besonders gefiel, war der Nachdruck, den Gutman auf „die Philosophie der Heiligen Schrift" legte. Nach Sperber sind Bibel und christliche Kabbala Ausgangspunkt und Erschließung aller Erkenntnis. Adam habe auch nach dem Sündenfall mancherlei Wissen in seinem Gedächtnis behalten, und vor allem die Archetypen, die diese Erkenntnis vermitteln können. Über Noah und die Patriarchen sei dann dieses Wissen zu Zoroaster, den Chaldäern, Persern und Ägyptern und zu den Propheten gekommen. Christus habe den Weg zur göttlichen Weisheit nur sehr wenigen Auserwählten, dem Evangelisten Johannes und dem Apostel Paulus, überliefert. Zu den späteren Besitzern der göttlichen Weisheit zählt Sperber Bernhard von Clairvaux, Agrippa von Nettesheim, Johannes Reuchlin, den Mystiker Tauler, Marsilio Ficino, Guillaume Postel, Pico della Mirandola. Zu allen Zeiten soll diese Weisheit nur Auserlesenen zuteil werden, die dann mit besonderen Kräften begabt sind, wie der Sprachenkenntnis, dem Entschlüsseln des verborgenen Schriftsinns, dem Verkehr mit den Engeln, aber auch mit hervorragenden Fähigkeiten in der Regierungskunst.

Sperber erzählt, wie er 1596 im Traum den Auftrag erhielt, neue Zeiten anzukündigen. Im Sinne der Weltzeitalterlehre des Joachim von Fiore meint er, daß die Zeit des heiligen Geistes im Anzug sei, daß sie von Luther, Paracelsus, Guillaume Postel und anderen vorbereitet wurde und daß Elias diese neue Zeit heraufführen wird, in der die wahre, vollkommene Philosophie auf die echte Theologie gegründet sein und die erneuerte Religion in dem neuen Jerusalem herrschen wird. Auch das Regiment der Welt wird sich ändern, denn auf die Monarchie und die Aristokratie wird die Demokratie folgen. Jedoch wendet sich Sperber an die bestehenden Fürsten und Städte, damit sie seinen Vorsatz unterstützen, ein Weisheitskollegium zu gründen, in dem fromme und gelehrte Leute sich zugleich dem Studium und der tätigen Nächstenliebe widmen würden, wobei sie strengste Verschwiegenheit beachten müßten. Für diese Einrichtung hatte er sogar *leges societatis* aufgesetzt. Sperbers Werk lief lange als Manuskript um und wurde erst 1615 herausgegeben, mit einem Titel, der daraus eine Antwort auf die Fraternität R. C. machte und dazu präzisieren wollte, daß „schon vor neunzehn und mehr Jahren solche Magnalia Dei etlichen Gottesfürchtigen Leuten mitgeteilt gewesen". Darum lautet der Anfang des Titels: *Echo Der von Gott hocherleuchten Fraternitet dess löblichen Ordens R.C.*.

Simon Studion (1543–?) war ein schwäbischer Schulmeister, der sich auch zu dem prophetischen Auftrag berufen fühlte, wie Joachim von Fiore die Zeiten zu messen und eine neue Apokalypse zu schreiben, der er den Titel *Naometria*, d.h. Tempelmeßkunst gab. Obwohl er in der Gunst des Herzogs Friedrich von Württemberg, des Beförderers geheimer Künste stand, gelang es der lutherischen Orthodoxie, die davon Wind bekommen hatte, ein Druckverbot der *Naometria* zu erzwingen. In Anlehnung an den Propheten Daniel und an die Offenbarung des Johannes schätzte Studion die Zeitdauer der Kirche auf 3½ „Jahre" oder 42 symbolische Monate, und er war überzeugt, daß der letzte prophetische Monat vor dem Erscheinen des neuen Jerusalem im Jahre 1590 enden werde. Dann solle eine allgemeine Reformation eingeführt werden, die von dem Bund der *Crucesignati* in die Wege geleitet werden solle. Dem Vorwort zur *Naometria* zufolge hätte am 17. Juli 1586 in Lüneburg eine Versammlung stattgefunden, an der mehrere deutsche Fürsten und Kurfürsten sowie Vertreter der Königin von England, des Königs Heinrich von Navarra und des Königs von Dänemark teilgenommen hätten und deren Zweck die Gründung einer *Confederatio Militiae Evangelicae* gewesen wäre. Für dieses Ereignis scheint kein historischer Beleg zu bestehen, und eine Gründung des Bundes der Crucesignati ging nicht wirklich vonstatten; nur in Tübingen scheint er einen gewissen Anklang bei Tobias Heß und Christoph Besold gefunden zu haben. Sicher ist aber, daß Andreae diese Bezeichnung in der *Theca gladii spiritus* benutzte. Die Sentenz Nr. 210 erklärt nämlich, daß die *Cruce signati* im Gegensatz zu den übrigen Menschen nicht blind herumlaufen; überall in der Welt vermögen sie einen göttlichen Sinn zu entdecken, während die meisten Dummköpfe darin nur Zufall zu sehen glauben.

Andreae zählt in der *Mythologia christiana* sowohl Gutman als auch Sperber und Studion neben Guillaume Postel oder Valentin Weigel zu den „insolitae eruditionis homines", und er verspottet in demselben Kapitel die Leute, die wunderliche Sprachen wie etwa die „Fessana lingua" oder die „Damcarica lingua" verwenden. Diese Satire auf ein gewisses Rosenkreuzertum, verbunden mit dem Lob der *Cruce signati*, weist auf die eigentliche Bedeutung, die Andreae den Rosenkreuzern zuschreiben wollte.

8. Literarische Einflüsse

Die facettenreiche Erzählung der *Chymischen Hochzeit* verdient nicht allein aus dem Blickwinkel der christlichen Hermetik untersucht zu werden, sondern auch in bezug auf ihren literarischen Wert (siehe hierzu R. Frey-Jaun), und in dieser Hinsicht geht sie auf eine europäische Tradition zurück, die es abschließend kurz zu erwähnen gilt.

Die italienische Novellistik findet ihren Niederschlag am dritten Tag der Handlung, als die Jungfrau Alchimia ihren Gästen zum Zeitvertreib Rätsel (γριφοι) aufgibt, die den Dichtungen Giovanni Boccaccios (1313–1375) entnommen wurden. Der *Decamerone* (1352) war schon längst in Deutschland bekannt, 1472 war in Ulm eine deutsche Übersetzung herausgekommen. In der Bibliothek von Besold befand sich eine Ausgabe des *Filocolo* (1336) von Boccaccio, einer Schrift, die das Thema der Liebe zwischen Floire und Blancheflor (Frankreich, 13. Jh.) aufgreift und dreizehn *Questioni d'amore* enthält, deren viele in den γριφοι der *Chymischen Hochzeit* wieder auftauchen. Außerdem weist die *Chymische Hochzeit* weitere Ähnlichkeiten mit anderen allegorischen Dichtungen von Boccaccio auf, wie etwa mit der *Commedia delle Ninfe* (1342) oder mit der *Amorosa visione* (1343).

Außer Dante Alighieri scheint auch Francesco Colonna mit seiner 1499 in Venedig erschienenen *Hypnerotomachia Poli-*

phili den Verfasser der *Chymischen Hochzeit* beeinflußt zu haben, und dies um so leichter, als der französische Protestant François Béroalde de Verville im Jahre 1600 eine Übersetzung dieses phantasievollen allegorischen Werkes unter dem Titel *Le Tableau des Riches Inventions (...) représentées dans le Songe de Poliphile* herausgegeben hatte, dem eine „steganographische" Erzählung vorangestellt wurde, die eine Auslegung der symbolischen Alchemie war und die Leser auf eine hermetische Interpretation der *Hypnerotomachia Poliphili* verwies. Die Berührungspunkte mit der *Chymischen Hochzeit* lassen sich leicht nachweisen: auf der See begegnen Poliphile und seine Geliebte Nymphen, mit denen Polia Liebeslieder singt; auf der Insel Cythera gehen sie in den Tempel der Venus, wo Poliphile die nackte Göttin bewundert und von Cupido dafür bestraft wird; endlich besucht er wie Christian Rosenkreuz alte Gräber und entziffert ihre Inschriften. Ilana Zinguer wies mit Recht auf die bei Béroalde de Verville herrschende Neigung zur Esoterik hin, die in dem kombinierten Gebrauch der *Steganographie* (Geheimschrift) und der *Anamorphose* (Bildverzerrung) zum Ausdruck kommt. Ich kam in einem anderen Buch über Andreae (*Rose-Croix et société idéale*..., I, 339) zu derselben Feststellung: wie in einem Gemälde von Holbein deutet ein verzerrtes Detail darauf hin, daß die *Chymische Hochzeit* eine viel umfangreichere Bedeutung hat als irgendein alchemistischer Traktat.

III. Vom Rosenkreuz zur Freimaurerei

1. Das ältere Rosenkreuzertum in England

Frances A. Yates vermutet in einer 1972 unter dem Titel *The Rosicrucian Enlightenment* erschienenen Untersuchung, daß das deutsche Rosenkreuzertum seinen Ursprung in England hatte. Schon das Symbol der Bruderschaft sei auf den berühmten Hosenbandorden zurückzuführen, dessen Insignien ein rotes Kreuz mit Rosen darstellen. Sie erinnert auch daran, daß der englische Gelehrte John Dee, der oben schon erwähnte Verfasser der *Monas hieroglyphica*, sich 1583 in Prag aufhielt und dort versuchte, Kaiser Rudolf II. für seinen imperialistischen Mystizismus zu interessieren. Dee hatte auch Beziehungen zu Christian von Anhalt, der an seinem Hof Paracelsisten und Alchemisten unterhielt. Der calvinistische Fürst beeinflußte auch wesentlich die kurpfälzische Politik, indem er im Jahre 1619 dem Haupt der protestantischen Union, Friedrich V. von der Pfalz, riet, die böhmische Königskrone anzunehmen, die ihm von den böhmischen Ständen angeboten worden war. Der Kurfürst Friedrich war mit Elisabeth, der Tochter des Königs von England, Jakobs I., verheiratet, und obwohl der Schwiegervater von der Annahme der böhmischen Krone abriet und die lutherischen Fürsten nicht dafür waren (selbst der protestantische Kurfürst von Sachsen stellte sich auf die Seite des Kaisers), nahm Friedrich das Angebot der böhmischen Stände an. Aber seine Herrschaft dauerte kaum einen Winter, er erlag 1620 der Übermacht der katholischen Liga in der Schlacht am Weißen Berge und erhielt deswegen den Spottnamen „Winterkönig".

Nach der Argumentation von Frances A. Yates wären die Rosenkreuzerschriften die Frucht der religiös-philosophischen Theorien, die um dieselbe Zeit am Hof des pfälzischen Kurfürsten kursierten, und diese seien der mystische *background* eines umfangreichen Reformprojektes gewesen, das dann auf diesem magischen, hermetischen und kabbalistischen Boden gedeihen sollte.

Wie dem auch sei, das rosenkreuzerische Gedankengut faßte leicht Fuß in England, insbesondere durch die Werke von Michael Maier und von Robert Fludd, der mehrere Schriften in der Pfalz hatte drucken lassen. Gerade in England zeichnete sich die Entwicklung vom *Rosicrucianism* zur *Freemasonry* ab.

Im Jahre 1804, genau 200 Jahre nach der in der *Fama Fraternitatis* geschilderten Entdeckung des Grabgewölbes von Christian Rosenkreuz, publizierte Johann Gottfried Buhle in Göttingen ein Buch *Über den Ursprung und die vornehmsten Schicksale der Orden der Rosenkreutzer und Freymaurer*, in dem er darauf hinwies, daß die in dem Titel der *Chymischen*

Hochzeit angegebene Jahreszahl 1459 mit dem Zeitpunkt zusammenfiel, in dem Baumeister aus Deutschland, Österreich und Ungarn sich in Regensburg versammelt und eine Fraternität gegründet hatten, der Kaiser Maximilian I. im Jahre 1497 Privilegien gewähren sollte. Diese These wurde 1824 von Thomas de Quincey in dem *London Magazine* dahingehend ergänzt, daß seiner Meinung nach die Freimaurerei in England aus dem Rosenkreuzertum hervorgegangen sei, und zwar durch die Vereinigung des rosenkreuzerischen Gedankenguts mit den mittelalterlichen Traditionen der Maurerzünfte, die etwa zwischen 1633 und 1646 stattfand.

Mehrere Indizien scheinen diese Hypothese zu rechtfertigen: zunächst der Umstand, daß die beiden Bezeichnungen „Rosenkreuz“ und „Freimaurerei“ in einem 1638 in Edinburgh gedruckten Gedicht von Henry Adamson of Perth zusammen auftreten:

> For what we do presage is not in grosse,
> For we be brethren of the Rosie Crosse:
> We have the *Mason word* and second sight,
> Things for to come we can foretell aright.

Dazu kommt das Zeugnis des großen Gelehrten und Sammlers Elias Ashmole (1617–1692). Dieser Günstling des englischen Königs Karl I. bewunderte das rosenkreuzerische Ideal. In dem Vorwort zu seinem *Theatrum chemicum Britannicum*, einer mit Anmerkungen versehenen Sammlung von alchemistischen Traktaten, die 1652 in London erschien, erwähnte er Frater I.O., der nach der *Fama Fraternitatis* nach England gefahren sei, um den Herzog von Norfolk zu heilen. Andererseits beweist eine Tagebuchnotiz, daß Elias Ashmole am 16. Oktober 1646 in eine Freimaurerloge in Warrington (Lancashire) aufgenommen wurde.

Zu derselben Zeit wirkten in England drei Männer, die persönlich mit Johann Valentin Andreae in Beziehung gestanden hatten. Samuel Hartlib (1595–1662) war der Sohn eines reichen Kaufmanns aus Danzig und hatte sich 1628 in England niedergelassen. Andreaes Entwürfe zu christlichen Gesellschaftsordnungen begeisterten ihn, und er gab 1647 in Cambridge eine englische Übersetzung der *Christianae societatis Imago* und der *Christiani Amoris Dextera porrecta* heraus. Schon 1641 widmete er dem Londoner Parlament *A Description of the Famous Kingdom of Macaria*, eines Idealstaates nach dem dreifachen Muster der *Utopia* von Thomas Morus, der *New Atlantis* von Francis Bacon und der *Christianopolis* von Andreae, dem Hartlib auch den Namen *Antilia* gab. Der schottische Theologe John Dury (1595–1680) war wie sein Freund Hartlib von Andreaes ständigen Bemühungen um die Aufrichtung eines echt christlichen Gemeinwesens tief beeindruckt. Im Jahre 1633 wechselte er mit Andreae Briefe und konnte also dem großen deutschen Theologen seine ökumenischen Gedanken darlegen. Sein *Summary Discours concerning the work of peace ecclesiastical*, der 1641 erschien, führt seinen Entwurf zur Gründung einer „irenischen" Gesellschaft zur Pflege der Wissenschaften aus.

Der dritte wichtige Vermittler zwischen Andreae und England war der tschechische Gelehrte Jan Amos Comenius (Komensky) (1592–1670). Dieser Lehrer, Prediger und Bischof der „Böhmischen Brüder" mußte nach 1620 wegen der damaligen Religions- und Kriegswirren seine Heimat verlassen und führte dann ein unstetes Wanderleben, das erst mit seinem Tod in Amsterdam ein Ende fand. In Andreae hatte er einen geistigen Vater gefunden, und mit seinen Briefen gewann er das Vertrauen des schwäbischen Hofpredigers, der ihm ein Exemplar der *Christianae Societatis Imago* zuschickte und dabei die Motive seines Entwurfes zur Errichtung einer christlichen Gesellschaft erklärte: er habe nämlich die rosenkreuzerischen Hirngespinste vertreiben und die kulturellen und religiösen Idole stürzen wollen. Trotz dieser Erklärungen schwärmte aber Comenius weiterhin für das Rosenkreuz und widmete 1631 in seinem *Labyrinth der Welt* den Rosenkreuzern ein ganzes Kapitel, das zwar in Anlehnung an Andreaes *Peregrinus* die Bruderschaft kritisiert, aber doch die Hoffnung auf eine Verwirklichung des ernst zu nehmenden rosenkreuzerischen Ideals nicht aufgibt. Und in seinem Buch *Via lucis* (*Der Lichtweg*), das 1641 in

London erschien, legte er den Organisationsplan eines *Collegium lucis* dar, das seinen Sitz in England haben sollte. Seine *Pansophie* zielte auf Universalismus ab und setzte das Bestehen einer Weltsprache voraus: da die in der *Confessio Fraternitatis* erwähnte Ursprache nicht mehr existierte und das Latein diese Rolle nicht mehr ganz spielen konnte, sann er auf die Erfindung einer neuen Sprache, die allgemein verständlich und allen Kenntnisstufen angepaßt wäre. In einem Weltkollegium sollte die Elite aus allen Völkern das ganze Wissen sammeln, um alle Menschen ohne Ansehen der Person, seien sie nun Christen, Juden, Muselmanen oder Heiden, davon profitieren zu lassen. Nach Comenius sollte aus seinem *Collegium lucis* die *Ecclesia vere catholica philadelphica* hervorgehen, deren Vorstufe ein halbes Jahrhundert früher die *Fraternitas Roseae Crucis* gewesen sei.

Um dieselbe Zeit (1646–1647) ist in verschiedenen Briefen von Robert Boyle, namentlich an Hartlib, von einem *Invisible College* die Rede, das als „Philosophical College" bezeichnet wird, dessen Mitglieder die höchste Gelehrsamkeit mit der Ausübung der Nächstenliebe zu vereinigen wußten. Frances A. Yates bemerkt dazu, daß das Prädikat „unsichtbar" auf das Rosenkreuzertum zurückgehe, daß Francis Bacon im Sog der deutschen Fraternität die wohltätigen Brüder der *New Atlantis* und ihr Kollegium für die Außenwelt unsichtbar gemacht habe und daß die utopischen Staaten *Macaria* oder *Antilia* auch vom Rosenkreuz abstammten: „We have thus here a chain of tradition leading from the Rosicrucian movement to the antecedents of the Royal Society."

Allem Anschein nach entstand die *Royal Society* aus dem Gelehrtenverein, der 1645, während des englischen Bürgerkriegs, in London zu dem Zweck gegründet wurde, die Forschungen auf dem Gebiet der Naturphilosophie zu fördern. Zu den ersten Mitgliedern zählten der Pfälzer Theodor Haak, der in London weilte, und John Wilkins, der damals Kaplan des pfälzischen Kurfürsten war und später zur Prominenz der *Royal Society* gehören sollte. In seiner *Mathematicall Magick* (1648) beruft sich letzterer auf die *Fama* und die *Confessio*

Fraternitatis so wie auf die *Utriusque Cosmi Historia* von Robert Fludd, der auch ein Verehrer der Rosenkreuzer war. 1652 veröffentlichte Thomas Vaughan unter dem Pseudonym Eugenius Philaletes eine englische Übersetzung der *Fama* und der *Confessio* (siehe oben S. 14). 1660 wurde die *Royal Society* in London gegründet, und in demselben Jahr publizierte John Heydon *The Voyage to the Land of the Rosicrucians* (siehe oben S. 14), wo er eine Parallele zwischen Bacons *New Atlantis* und der *Fama Fraternitatis* zog. Es leuchtet ein, daß Isaac Newton (1643–1727), der der zweiten Generation der *Royal Society* angehörte, durch seine epochemachenden Arbeiten auf den Gebieten der Physik und Mathematik in diesem Gelehrtenverein die Vorherrschaft der exakten Wissenschaften durchsetzte, aber es darf auch nicht übersehen werden, daß Newton auch an der Alchemie interessiert war und daß er *The Fame and Confession of the Fraternity R.C.* sowie die *Themis aurea* und die *Symbola aurae mensae duodecim* von Michael Maier besaß.

Das rosenkreuzerische Erbe lebte also weiter in der *Royal Society* und läßt sich ebenfalls in der Freimaurerei nachweisen, insofern ein 1724 in London unter dem Titel *The secret History of the Free-Masons* ediertes Manuskript der alten freimaurerischen Konstitutionen die Rosenkreuzer und die Freimaurer als Brüder ein und derselben Fraternität bezeichnet.

2. Die Gold- und Rosenkreuzer

Das Primat der Alchemie

Der Erfolg der Rosenkreuzer-Literatur hatte zur Folge, daß manche Leser im Laufe des 17. Jahrhunderts von der Vielfältigkeit der rosenkreuzerischen Botschaft nur das Wunderbare und die damit verbundene Alchemie behielten: sind doch das philosophische Gold und das *Alexipharmakon* allgemeingültige und ausgezeichnete symbolische Schutzmittel gegen die jedem Menschen innewohnende Angst vor Vergänglichkeit und Tod.

Das Wort „Rosenkreuz“ bezeichnete noch immer eine mysteriöse Gemeinschaft, die im Besitz solcher Arkana sei.

Die Sage erzählt, wie um 1630 ein Spanier namens Petrus Mormius in die französische Provinz Dauphiné kam. Dort begegnete er einem Greis, der Rose hieß und der zu den Mitgliedern des Ordens vom goldenen Rosenkreuz zählte, der nur aus drei Personen bestand. Es gelang Mormius, sich als Famulus des Meisters annehmen zu lassen. Dann ging er nach Den Haag und versuchte vergebens, den Generalstaaten die von Rose gelernten Geheimnisse gegen klingende Münze preiszugeben. 1630 veröffentlichte er in Leiden ein Buch *Arcana totius naturae secretissima, nec hactenus unquam detecta a Collegio Rosiano in lucem produntur (Die geheimsten Mysterien der ganzen Natur, bisher niemals enthüllt, und von dem Rosianischen Kollegium ans Licht gebracht),* in dem er die Quadratur des Zirkels, *das perpetuum mobile*, die Verwandlung der Metalle und das Allheilmittel zu kennen behauptete.

Viel ernster nahm sich die Gesellschaft aus, die sich als rosenkreuzerisch ausgab und 1654 in Nürnberg gebildet wurde. Sie betrieb chemische Studien, und der große Philosoph Leibniz (1646–1716) nahm an ihren Arbeiten teil. Es ist merkwürdig, daß dieser durch und durch positive Geist, der in allen Wissenschaften zu Hause war, sich so sehr in die *Chymische Hochzeit* vertiefte, daß er das Namenrätsel der Jungfrau Alchimia löste. Dagegen blieb er skeptisch gegenüber den angeblich magischen Kräften, von denen in den Manifesten die Rede ist, und er hielt die Unsichtbarkeit und Unverwundbarkeit der Rosenkreuzer für lauter Märchen.

Um die Jahrhundertwende vollzog sich eine seltsame Umwertung auf dem Gebiet der Kirchengeschichte, als der Pietist Gottfried Arnold (1666–1714) seine *Unparteiische Kirchen- und Ketzerhistorie* (1699–1700) in Frankfurt am Main publizierte, ein Buch, das Goethe später in den Händen hatte und schätzte. In dem Teil, den Arnold dem Rosenkreuzertum widmet, behandelt er das wichtige Problem der Verfasserschaft, und er meint, daß Andreae die *Fama* und die *Confessio Fraternitatis* im Einvernehmen mit einigen vertrauten Freunden veröffentlichte. Er stützt sich auf das Zeugnis von Johann Arndt, dem Andreae anvertraut habe, daß er mit dreißig anderen Personen die *Fama* habe drucken lassen, um die Anhänger einer echten Reformation in Europa zu testen.

Eine neue Bruderschaft

Gottfried Arnolds Untersuchung dokumentiert die Wandlung, die sich um die Jahrhundertwende in der europäischen Kultur ankündigt und sich auf die Auffassung des rosenkreuzerischen Phänomens auswirkt. Bis dahin war eine wirkliche Bruderschaft der Rosenkreuzer nicht nachweisbar. Die Idee des Rosenkreuzes war das Symptom einer religiösen, philosophischen, sittlichen und epistemologischen Krise und Ausdruck der diffusen Sehnsucht nach einer allgemeinen Reformation. Im 18. Jahrhundert macht sich das Bedürfnis nach einer konkreten Organisation bemerkbar, die verschiedene Formen annehmen und mit der Aufklärung einhergehen wird. Im Jahre 1710 erscheint in Breslau eine Schrift mit dem Titel *Die Wahrhaffte und vollkommene Bereitung des Philosophischen Steins der Brüderschafft aus dem Orden Des Gülden- und Rosen-Creutzes (...) Dabey angehänget das Gesetz oder Regeln, welche die gedachte Brüderschafft unter sich hält. Denen Filiis Doctrinae zum Besten publiciret von Sincero Renato* ... Das Buch ist in erster Linie ein alchemistischer Traktat, aber der Verfasser, der in Wirklichkeit Samuel Richter hieß und ein schlesischer Pfarrer war, präzisiert in der Vorrede: „Es ist die wahrhafte Praxis der Bruderschaft des Rosenkreuzes, (...) welche (...) vor etlichen Jahren alle nach Indien gegangen, um daselbst in besserer Ruhe zu leben." Er beruft sich auf Hermes Trismegistos und Raimund Lull und zählt dann die 52 Regeln der Bruderschaft auf, deren Mitgliederzahl seinen Angaben zufolge 23 bis 63 beträgt. Man erfährt, „daß ein Bruder den anderen seines Glaubens halber nicht befragen, sondern erlauben, daß ein jeder, was Religion er zugetan wäre, frei leben möge", daß die „heilige Kongregation" von einem „Imperator" geleitet wird, der „von 10. zu 10. Jahren seine Residenz wie auch den Namen und Zunamen ändern soll“, daß die Brüder nicht danach trachten dürfen, eine Frau zu nehmen, „wenn ihnen aber nach dem Fleisch gelüsten sollte, so erlaubt man ihnen eine zu haben“. Die Regeln präzisieren auch, daß die Brüder zwar das alchemistische Magisterium beherrschen und das „Projektionspulver“ besitzen, aber „sie versprechen ein ewiges Silentium“, um zu vermeiden, daß „dieses Licht oder Wahrheit dieser heiligen Wissenschaft in die Hände der Weltkinder kommen möge“.

Noch viel seltsamer nimmt sich ein Buch aus, das 1737 von einem gewissen Ludwig Conrad Orvius auf der fiktiven „Insel der Zufriedenheit“ unter dem Titel *Occulta philosophia, oder Coelum Sapientium et Vexatio Stultorum* gedruckt wurde. Es erzählt von der phantastischen Geschichte einer geheimen Gesellschaft, die das Geheimnis des Steins der Weisen bewahre, und eine Reihe von Palästen, in Den Haag, Amsterdam, Nürnberg, Hamburg, Erfurt, Danzig, Mantua, Venedig, besessen habe. Der Ordensstifter habe Christian Rose geheißen, und die Gemeinschaft gehe auf den Ritterorden der Johanniter zurück. Das Erkennungszeichen der Brüder sei ein blaues Band, an dem ein goldenes Kreuz mit einer Rose hänge. Es liegt auf der Hand, daß diese Schrift ein Apokryph war, aber ihre Veröffentlichung zeugt von dem damaligen Erfolg der Rosenkreuzeridee und der Alchemie überhaupt.

Tradition und Freimaurerei

Kein Wunder, daß um dieselbe Zeit eine Abhandlung mit dem Titel *Thesaurus Thesaurorum a Fraternitate Rosae et Aurae Crucis testamento consignatus (Der Schatz der Schätze, von der Fraternität der Rose und des Goldenen Kreuzes in einem Testament niedergelegt)* auf das Jahr 1580 zurückdatiert wurde, genauso wie die Schrift *Coelum reseratum chymicum (Der enthüllte chemische Himmel),* die 1737 von J. G. Toeltius publiziert wurde, das fiktive Druckjahr 1612 angibt. 1733 war die dritte Auflage des *Aureum Vellus* von Ehrd von Naxagoras erschienen, in der der Verfasser das Ideal des alten burgundischen Ordens mit dem der Rosenkreuzer verglich, und Hermann Fictuld, der 1749 auch ein Buch über *Das Goldene Vlies* drucken ließ, befaßte sich ebenfalls mit der mythischen Überlieferung des rosenkreuzerischen Gedankenguts (Vgl. A. Faivre, *Toison d'or et alchimie*, Milano 1990). An zwei Stellen ist darin von einer „Societät der goldenen Rosenkreuzer" die Rede, und eine Schrift, die 1761 unter dem Titel *Aureum Vellus seu Iunioratus Fratrum Rosae Crucis* veröffentlicht wurde, enthält Statuten, ein Ritual und ein Namenverzeichnis der Bruderschaft. Damals war sie streng hierarchisch gegliedert und bestand aus sieben Klassen, die ihrerseits in Zirkel gegliedert waren. Die Aufnahme von Deisten und Heiden war nicht gestattet, nur Christen und Juden wurden aufgenommen.

Ursprünglich hatten diese Kreise keine direkte Verbindung mit der Freimaurerei, aber es bestanden gegenseitige Anziehungskräfte: von den Rosenkreuzern erhofften die Freimaurer die Enthüllung von Geheimnissen, die Reichtum, Gesundheit und langes Leben verleihen konnten, während die Rosenkreuzer in den Logen ihre hermetischen Kenntnisse zu erweitern hofften. Aus diesen Gründen ließen sich letztere oft in freimaurerische Logen aufnehmen. Herzog Franz von Lothringen, der 1736 die Kaiserin Maria Theresia geheiratet hatte, war ein leidenschaftlicher Alchemist und besaß sein eigenes Laboratorium. Schon 1731 hatte er sich in der Hoffnung, neue chemische Verfahren zu lernen, in eine Loge in Den Haag aufnehmen lassen, und er wurde 1742 Mitglied der ersten österreichischen Loge „Zu den drei Kanonen" in Wien.

Der Tempelorden und die Rosenkreuzer

Die goldenen Rosenkreuzer hatten eine beschränktere Mitgliederzahl als die deutschen Freimaurer, aber sie waren überzeugte Eiferer, und auf diese Weise kann man sich nicht nur die Doppelmitgliedschaft mancher Rosenkreuzer erklären, sondern auch den Umstand, daß sie die Freimaurer unterwanderten. Damit verbunden war die Bildung einer historischen Legende, die in den Freimaurern die Fortsetzer des Tempelherrenordens sah, der 1312 auf Betreiben des französischen Königs Philipp IV. des Schönen von Papst Clemens V. aufgehoben und vernichtet worden war. Ein Manuskript in französischer Sprache, das auf das Jahr 1760 datiert ist und in Straßburg entdeckt wurde, behauptet, daß „die Mysterien des Tempelherrenordens sich bei den Rosenkreuzern wiederfinden" und daß „die Kanoniker vom Heiligen Grab in Wirklichkeit Rosenkreuzer waren, die sich in Jerusalem niedergelassen hatten". Die Vernichtung des Tempelherrenordens rechtfertigte in den Augen mancher Leute das Geheimnis, in das sich die Rosenkreuzer hüllten, und andererseits wurden die großen Reichtümer der Templer deren vermeintlichen Kenntnissen auf dem Gebiet der Alchemie zugeschrieben. Und selbstverständlich glaubten manche Leute, daß auch die Rosenkreuzer diese Kenntnisse besaßen. Obwohl das Straßburger Manuskript in französischer Sprache geschrieben war, verriet es eine deutsche Herkunft. Dem Verfasser ging es darum, den okkulten und hermetischen Charakter der Freimaurerei hervorzuheben und sie vor allem als uralte geheime Gesellschaft darzustellen, deren Entstehung auf Adam zurückgehe und dessen esoterisches Wissensgut dann über Moses, Salomon, die Geheimkulte der Antike, die Pythagoreer, Gymnosophisten, Essener, Gnostiker, Kabbalisten, Tempelherren und die mittelalterlichen Zünfte der Steinmetzen und der Erbauer der Kathedralen und Domkirchen auf die Freimaurer überliefert worden sei.

Übrigens war für die Verbindung der Spätrosenkreuzer mit der Freimaurerei der französische Einfluß ausschlaggebend. 1762 wurde in Paris ein „Conseil des Chevaliers d'Orient" gegründet, der in seinen Lehrakten als siebenten und höchsten Grad des neuen „adonhiramitischen Ritus" den Grad der „Chevaliers Rose-Croix" einsetzte. Arthur Edward Waite bemerkt in seinem Rosenkreuzer-Buch, daß der „Knight Rose-Croix" eins sei mit dem „unbekannten Philosophen". „So wächst aus der französischen Maurerei eine neue mystisch-hermetische Logenphilosophie, die bis zu Claude de Saint-Martin führt, der (...) sich bezeichnenderweise das Pseudonym ‚philosophe inconnu' zulegen wird" (R. C. Zimmermann, *Das Weltbild des jungen Goethe*, 1. Band, S. 164). Der Einfluß des französischen

Logenwesens in Deutschland ist vermutlich größtenteils auf den Siebenjährigen Krieg zurückzuführen, da französische Truppen mit den Kaiserlichen verbündet waren. Nicht zu unterschätzen ist auch dabei die damalige Rolle des Arztes Schleiß von Löwenfeld (1731–1800; Pseudonym: Carl Hubert Lobreich von Plumenoek), dem die rasche Ausbreitung des spätaufklärerischen Rosenkreuzertums in Deutschland zugeschrieben werden kann.

Um 1757 erschien in Frankfurt am Main eine freimaurerische *Societas Rosae et Aurae Crucis*, die vermutlich 1761 eine Loge in Prag gründete. Ein anderer Rosenkreuzerzirkel entstand 1770 in Regensburg und drang bald in verschiedene Logen in Wien ein. Ab 1775 erweiterte das Wiener Rosenkreuz seinen Einflußbereich auf ganz Österreich, Ungarn, Bayern und Württemberg. In Sachsen, Schlesien, in der Lausitz, in größeren Städten wie Stuttgart, München, Augsburg, Nürnberg, Leipzig entstanden zahlreiche Rosenkreuzerzirkel. Stanislaus II., König von Polen, trat in einen solchen Kreis ein. In Kassel schloß sich der Naturforscher und Schriftsteller Georg Forster (1754–1794), der sein freimaurerisches Leben 1777 in Paris begonnen hatte, den Rosenkreuzern an, weil es ihm auf die Enträtselung der inneren und tieferen Geheimnisse des Makrokosmos und Mikrokosmos und auf die nähere Kenntnis Gottes aus den Werken der Schöpfung ankam.

Die Gold- und Rosenkreuzer alten Systems

Im Jahre 1777 wurde innerhalb der Berliner Loge „Zu den drei Weltkugeln“, deren Großmeister Herzog Friedrich August von Braunschweig war, ein neuer Ritus eingeführt, der *Orden der Gold- und Rosenkreuzer alten Systems*. Das Instruktionsbuch stützte sich teilweise auf Schriften von Michael Maier, das *Amphitheatrum sapientiae aeternae* von Khunrath sowie das *Opus Mago-Cabalisticum* (1719) von Georg Welling und stellte eine Entstehungslegende des *Ordens der Gold- und Rosenkreuzer alten Systems* auf, die sich als besonders erfindungsreich und phantastisch erwies.

Selbstverständlich ging die Geschichte des Ordens auf Adam zurück, der trotz des Sündenfalls einiges von der göttlichen Weisheit im Gedächtnis behielt und es seinen Nachkommen vererbte. Dieses Wissen sei dann von dem zweiten Sohn Noahs nach Ägypten gebracht und trotz gewisser Veränderungen im großen ganzen von Abraham, Isaak und Jakob beibehalten worden. Moses sei in Ägypten, wo schon hermetische Zirkel bestanden, in diese Geheimnisse eingeweiht worden. Dann sei diese heilige Tradition Salomo, den Propheten, den Essenern, den eleusinischen Priestern, den Pythagoreern, den Druiden und Barden überliefert worden.

Nach dieser Legende bestehe noch immer neben der christlichen Geistlichkeit der geheime Stand der Naturpriester, deren esoterisches Wissen die exoterischen Lehren der geoffenbarten Religionen ergänze und die zudem die Geheimnisse der Natur und des *Lapis Philosophorum* kennen sollen. Infolgedessen sei der echte Begründer des Ordens nicht Christian Rosenkreuz, sondern ein ägyptischer Priester aus Alexandrien gewesen. Sein Name „Ormus" dürfte Karl R. H. Frick zufolge von dem Lichtgott Mazda, dem Schöpfer der Lehre des Zoroaster, abgeleitet sein. Er sei in Ägypten von dem Evangelisten Markus christlich getauft worden, bevor er die Schule der Weisen des Lichtes gründete, deren Geheimnis bis in das vierte Jahrhundert bewahrt wurde. Der Orden, den sieben Magier leiteten, hütete die Geheimnisse, die er von Moses, Salomon, Hermes Trismegistos empfangen hatte, und blieb bis zur Niederlage der Kreuzritter im Jahre 1118 in Palästina, dann verstreuten sich die Mitglieder über die ganze Welt. Drei Brüder aus Schottland gründeten im Jahre 1196 den *Orden der Bauleute vom Osten*. König Eduard I. (1239–1307) schloß sich dem Orden an, den Raimund Lull vorübergehend leitete. Da die Hochgrade des *Ordens der Bauleute vom Osten* den Häusern York und Lancaster vorbehalten blieben, sei das Symbol des Rosenkreuzes aus ihren Wappen mit einer weißen und einer roten Rose hervorgegangen. Die Legende erzählt dann, daß die „goldenen Rosen-Kreuzer alten Systems" den *Orden der Bauleute vom Osten* abgelöst hätten, daß aber Oliver Cromwell (1599–

1658) ihnen irrtümlicherweise die Bezeichnung „Freimaurerei" gegeben habe. Darum hielten sich die Rosenkreuzer für die Elite der Freimaurerei, in deren unteren Graden sie bloß den „Schein des Lichtes" sehen konnten. Der Titel des Instruktionsbuches vom Jahre 1777 präzisierte nämlich, daß „andere Meister vom Schein des Lichtes und dem verlorenen Worte an- und aufzunehmen berechtigt sind". Die Formulierung setzte voraus, daß die drei „untersten Grade" der Freimaurerei von den Rosenkreuzern nur als „Pflanzschule der höheren Wissenschaften" betrachtet wurden und daß nur die Gold- und Rosenkreuzer das wahre Licht und das verlorene Wort besaßen.

Angesichts dieses elitären Anspruchs ist es nicht verwunderlich, daß viele Ärzte und Naturwissenschaftler den Weg zu den Rosenkreuzerzirkeln suchten und in deren Weltanschauung ein Gegengewicht zum Rationalismus der Aufklärung fanden. Die Führer des *Ordens der Gold- und Rosenkreuzer alten Systems* wußten prominente Leute für sich zu gewinnen. Unter ihnen war der Marburger Medizinprofessor Wilhelm Schröder (1733–1778), der Direktor eines Rosenkreuzerzirkels wurde und sich durch seinen wissenschaftlichen Ruf für das hohe kulturelle Niveau des Ordens verbürgte. Ein anderes gewichtiges Mitglied war der schwäbische Prälat, Theosoph und Alchemist Friedrich Christoph Oetinger (1702–1782), der nach der Vermutung von Rolf Christian Zimmermann wahrscheinlich in den Bund der Spätrosenkreuzer eingeweiht wurde und 1770 den *Liber III Catenae Aurae Homeri de transmutatione metallorum* herausgegeben haben soll.

Die wahren Initiatoren der *Gold- und Rosenkreuzer alten Systems* aber waren Johann Rudolf von Bischoffswerder (1714–1803) und Johann Christoph Wöllner. Letzterer war ein ehemaliger Pfarrer in Brandenburg, der sich durch seine Redegewandtheit die Gunst mehrerer von esoterischem Wissen angezogenen Fürsten erwarb. Bischoffswerder war kursächsischer Kammerherr und Stallmeister und hatte sich den Freimaurern der *Strikten Observanz* angeschlossen. Es gelang ihm, beim Kronprinzen Friedrich Wilhelm II. in Gnaden zu stehen und ihn zu heilen, und er beschloß mit Wöllner, vor dem leichtgläubigen Fürsten eine Geistererscheinung zu inszenieren. Im Haus der Favoritin des Prinzen beschworen sie mit Hilfe eines Illusionisten und Bauchredners inmitten von Blitzstrahlen die Schatten von Julius Caesar und Leibniz herauf, so daß der begeisterte Kronprinz sich den Spätrosenkreuzern anschloß. Als er 1786 den Thron bestieg, erwies er seine Dankbarkeit, indem er Wöllner zum Kultusminister und Bischoffswerder zum Kriegsminister ernannte.

Sieht man von der extravaganten und abgeschmackten Taschenspielerei dieser Geisterbeschwörung ab, so weist dieses Vordringen prominenter Rosenkreuzer bis zum Ministeramt doch auf das ernste Anliegen der Spätrosenkreuzer hin, auch außerhalb des Ordens politisch wirksam zu werden. Dabei zielten die *Gold- und Rosenkreuzer alten Systems* ganz bewußt darauf ab, ein anti-aufklärerisches Pendant zum aufgeklärten und sehr aktiven Geheimbund der Illuminaten zu bilden. Trotzdem blieb das Rosenkreuzertum nach wie vor eine *religiöse* Bewegung, die in erster Linie darauf aus war, gegen die der Aufklärung unterstellte Irreligiosität anzukämpfen. Es ist bemerkenswert, daß Wöllner 1785 dem preußischen Thronfolger eine *Abhandlung über die Religion* übergab, die alle seine Programmpunkte für die Politik nach der Regierungsübernahme Friedrich Wilhelms enthielt und in der er beklagte, in seiner Zeit werde „über alles philosophiert und nichts mehr geglaubt". Als Kultusminister erließ er 1788 ein Religionsedikt, das in Preußen zwar die Freiheit des Glaubens und des Gewissens gesetzlich vorschrieb, aber sonst im Bereich der lutherischen Kirche jede Abweichung von den dogmatischen Grundlagen untersagte. Im allgemeinen hatten die Rosenkreuzer in Preußen die leitenden Stellungen erobert, und unter der Führung von Wöllner setzten sie manche ihrer Ziele durch.

Aufklärerische Anfeindungen und rosenkreuzerische Fortdauer

Es ist also nicht verwunderlich, daß das Wöllnersche Regiment in Preußen Unzufriedenheit im Lager der Aufklärer auslöste, weil seine Politik in mancher Hinsicht ihrer Weltanschauung widersprach. Adam Weishaupt (1748–1830) hatte den Illuminatenorden hauptsächlich als Antijesuitenorden konzipiert, und der unhaltbare Gedanke einer gemeinsamen Verschwörung von Katholizismus, Jesuitismus und Rosenkreuzertum setzte sich bald in aufklärerischen Kreisen durch, besonders nachdem der Jesuitenorden 1773 vom Papst aufgelöst wurde. Der Freiherr Heinrich von Ecker und Eckhofen, der aus dem Rosenkreuzerorden ausgewiesen worden war, veröffentlichte im Jahre 1782 eine Streitschrift *Der Rosenkreuzer in seiner Blöße*, in der die Rosenkreuzer und Templer als Marionetten dargestellt wurden, deren Puppenspieler die Jesuiten waren. Er zog sich eine empörte und rechtfertigende Antwort von Schleiß von Löwenfeld zu, die unter dem Titel *Der im Lichte der Wahrheit stehende Rosenkreuzer* erschien. Außerdem wurde damals die Frage aufgeworfen, inwiefern die Gold- und Rosenkreuzer berechtigt waren, sich einer historischen Kontinuität zu rühmen. Der Berliner Verleger und Journalist Friedrich Nicolai (1733–1811), der in Regensburg gerade wieder die *Fama Fraternitatis* und die *Chymische Hochzeit* herausgegeben hatte, bestritt, daß der neue Orden der geistige Erbe des Rosenkreuzertums Johann Valentin Andreaes sei, und er vermutete nach einer langen Untersuchung in Süddeutschland und Österreich, die Jesuiten wollten den Andreaeschen Mythus ihren Zwecken dienstbar machen. Zur selben Zeit publizierte der Illuminat Adolph Freiherr von Knigge (1752–1796) ein dünnes Pamphlet *Über Jesuiten, Freymaurer und deutsche Rosenkreutzer*, in dem er den Orden der Spätrosenkreuzer für einen Betrug hielt, der mit Andreae nichts gemein habe. Aus der Sicht vieler Aufklärer waren die Spätrosenkreuzer ebenso Gegner wie der Sturm-und-Drang oder die damals einsetzende Romantik.

Indessen hatte das Berliner Rosenkreuz Konkurrenten in seinem eigenen Lager. Der Stuttgarter Hofrat C. E. Wächter (1746–1825) war ein aktives Mitglied der Strikten Observanz, und er versuchte in Italien die „unbekannten Oberen" zu entdecken, von denen man wunderbare Offenbarungen erwartete. In dem Bericht, den er 1778 dem Herzog Ferdinand von Braunschweig und dem Landgrafen Karl von Hessen unterbreitete, sprach er von einem Eingeweihten, dem er in Florenz begegnet sei und demzufolge der Templerorden nur eine Filialgesellschaft des uralten Rosenkreuzerordens gewesen sei.

Auf dem Wilhelmsbader Konvent, der im Jahre 1782 deutsch- und französischsprachige Brüder versammelte, um den damaligen Zustand der Freimaurerei zu erwägen, versuchten die Berliner Gold- und Rosenkreuzer mit einem Schreiben vom 10. August 1782 ihren Standpunkt durchzusetzen und eine führende Rolle zu spielen, aber ihre Behauptungen und Forderungen wurden abgelehnt. Der Konvent hatte eigentlich im Lager der religiös eingestellten Maurer große Hoffnungen erweckt, wie zum Beispiel bei dem Savoyarden Joseph de Maistre, der in einem Vorbericht an den Herzog Ferdinand von Braunschweig in der Freimaurerei den Schmelzofen sah, in dem das alchemistische *Opus* der Wiedervereinigung der Katholiken und Protestanten im transzendierten Christentum einer erneuerten Kirche geschehen könnte. Auch dieser Traum wurde zunichte. Der eigentliche Sieger in diesem Wilhelmsbader Gefecht war der Franzose Jean-Baptiste Willermoz, der seine Lyoner Reform der Freimaurerei schließlich durchsetzte. Die beiden Hauptverlierer waren die Illuminaten, deren Orden 1786 verschwand, und die Berliner Gold- und Rosenkreuzer, denen 1787 ein „Silentium" auferlegt wurde.

Jedoch lebte das Rosenkreuz im freimaurerischen Hochgradsystem weiter. In der Lyoner Großloge gab es einen achten Grad mit der Bezeichnung „Ritter des Schwerts und des Rosenkreuzes". Im Jahre 1763 stiftete Willermoz ein „Kapitel des schwarzen Adlers", in dem einer der geheimen Grade „Großmeister des schwarzen Adlers des Rosenkreuzes" hieß, dessen Ritual hermetisch und kabbalistisch geprägt war. Der *Alte und Angenommene Schottische Ritus*, der heutzutage eine große Anzahl von Freimaurern in der ganzen Welt vereinigt, bewahrt unter seinen dreiunddreißig Graden einen achtzehnten Grad mit dem Namen „Ritter des Rosenkreuzes".

IV. Wirkung und Rezeption des Rosenkreuzertums in Literatur und Kunst

Die Entstehungsgeschichte der älteren Rosenkreuzermanifeste hat gezeigt, daß bei ihrem Erscheinen eine ganze Flut von Zuschriften und Büchern sich über mehrere europäische Länder ergoß und daß namhafte Philosophen und Gelehrte wie Descartes, Leibniz, Newton, Francis Bacon, Comenius dieser Bewegung und den dazugehörigen Schriften ein reges Interesse entgegenbrachten. Es ist beachtenswert, daß im Laufe der Jahrhunderte die Phantasie zahlreicher Dichter durch den rosenkreuzerischen Mythus angeregt wurde. Der Rahmen dieses Buches erlaubt es nicht, ausführlich darauf einzugehen. Im folgenden werden also hauptsächlich die bedeutendsten Schriftsteller angeführt, die mehr oder weniger dem Aufruf der „Fama" der Rosenkreuzer Folge leisteten.

In Deutschland sind es am Ausgang des 18. Jahrhunderts Aufklärer wie Friedrich Nicolai oder der lutherische Theologe Johann Salomo Semler (1725–1791), die sich mit ernster Quellenforschung befaßten und die Urschriften des Rosenkreuzes herausgaben. Gleichzeitig wurde die Aufmerksamkeit prominenter Denker und Schriftsteller auf das Rosenkreuzertum gelenkt. Johann Gottfried Herder (1744–1803) begeisterte sich für das ganze Werk Johann Valentin Andreaes. In seinem Sammelband *Zerstreute Blätter* (1793) übersetzte er Auszüge aus der *Mythologia christiana* und dem *Menippus*, und er gab zusätzlich Andreaes *Pastoraltheologie in Versen* heraus. Seine Untersuchung zeugt von einer ausgezeichneten Kenntnis und einer scharfsinnigen Analyse von Andreaes Schriften. Um einen vollständigeren Zugang zu dessen Werk zu bekommen, hatte sich Herder schon früher an Gotthold Ephraim Lessing (1729–1781) gewandt, der in der berühmten Bibliothek in Wolfenbüttel Forschungen über Andreae und das Rosenkreuzertum angestellt hatte. In einem Brief an Herder vom 26. Januar 1781 teilte Lessing ihm mit, er habe sich bemüht, in das Geheimnis des älteren Rosenkreuzertums einzudringen. Als Friedrich Nicolai 1782 seinen *Versuch über die Beschuldigun-*

gen, welche dem Tempelherrenorden gemacht worden, und über dessen Geheimnis; nebst einem Anhange über das Entstehen der Freymaurergesellschaft veröffentlichte, löste diese Schrift bei Herder eine heftige Reaktion aus: nach seiner Meinung konnte die Rosenkreuzerbewegung mit der Freimaurerei nichts gemein haben, und Andreae hatte die Urschriften nur zu dem Zweck geschrieben, die verschiedenen Schwärmer seiner Zeit zum Besten zu haben.

Auch Christoph Martin Wieland (1733–1813) geriet in den Bann der Rosenkreuzer. In mehreren Romanen läßt er sie erscheinen: etwa im *Don Sylvio von Rosalva*, der in der Nachfolge des *Don Quixote* steht, sowie in den Erzählungen *Der neue Amadis* und *Der Derwisch von Brussa*. Und es ist nicht ausgeschlossen, daß sein *Peregrinus Proteus* unter dem Einfluß von Andreae entstand.

Johann Wolfgang Goethe (1749–1832) befand sich schon in seiner Jugend im Bannkreis des Rosenkreuzertums. Da er als Student in Leipzig sehr schwer erkrankt war, kehrte er nach Hause zurück, um seine Gesundheit wiederherzustellen, und in den zwei Jahren, die er in Frankfurt verbrachte, fand er in Dr. Johann Friedrich Metz nicht nur einen kompetenten Arzt, sondern auch einen Hermetiker, der ihn mit Wellings *Opus Mago-Cabbalisticum* sowie mit der *Aurea Catena Homeri* bekannt machte und ihm eine Brücke zu Oetingers Geisteswelt schlug. Dr. Metz praktizierte die paracelsische Medizin und gehörte vermutlich zu einem Rosenkreuzerzirkel. Damals war auch der Einfluß der Pietistin Susanne von Klettenberg auf den jungen Goethe sehr groß, und er schrieb ihr 1770 in einem Brief: „Die Chymie (= Alchemie) ist noch immer meine heimlich Geliebte.“ Er las auch Gottfried Arnolds *Kirchen- und Ketzerhistorie* und wurde dadurch sicher mit dem Andreaeschen Rosenkreuzertum bekannt gemacht. Als er später die *Chymische Hochzeit* entdeckte, wurde er sofort von der Märchenwelt der Erzählung bezaubert, und wegen seiner alchemistischen Kenntnisse war er in der Lage, in dem Nymphenlied von Andreae nicht allein eine Liebeshymne, sondern auch ein Symbol der Wiedergeburt zu sehen. Er schrieb selbst eine gekürzte Umarbeitung von Andreaes Kantate und sandte das kleine Gedicht an Frau von Stein. Im Jahre 1784 verfaßte er das lange, unvollendete Gedicht *Die Geheimnisse*, dessen Stimmung teilweise an die *Chymische Hochzeit* erinnert: Bruder Markus wird von unbekannten Oberen beauftragt, eine Pilgerfahrt zu einem mysteriösen heiligen Ort auf einem steilen Berg zu unternehmen. Er erreicht das Kloster bei sinkender Sonne und erblickt über dem Tor ein geheimnisvolles Bild:

> Es steht das Kreuz mit Rosen dicht umschlungen.
> Wer hat dem Kreuze Rosen zugesellt?

In einem Prunksaal sitzt der heilige und weise Humanus unter einem Wappen, das ein Kreuz mit Rosenzweigen darstellt, und um ihn sitzen zwölf Vertreter aller Weltreligionen. Das Rosenkreuz symbolisierte also für Goethe eine Idee der Toleranz, die ihm schon lange vertraut war und die die Weisen der „Pädagogischen Provinz“ in dem Altersroman *Wilhelm Meisters Wanderjahre* dichterisch verlebendigen.

Ans Ende der *Unterhaltungen deutscher Ausgewanderten* stellte Goethe *Das Märchen*, eine symbolische Fabel, die das traurige Schicksal eines Landes erzählt, auf dem ein geheimnisvoller Fluch liegt. Ein Strom durchfließt die Gegend, und anstatt die Rolle eines Verbindungsmittels zu spielen, teilt er das Land in zwei getrennte Welten, eine diesseitige, in der ein Jüngling heimatlos umherschweift und sich in Sehnsucht verzehrt, und eine jenseitige, in der die schöne Lilie einsam warten muß. Doch gelingt es dem Jüngling, hinüberzugehen, er schließt sie in seine Arme und – fällt tot zu Boden. Eine grüne Schlange rettet ihn, indem sie mit sich selbst einen Kreis schließt und sich in den Schwanz beißt: als *Ouroboros* versinnbildlicht sie die ewige Wiederkehr. Dieselbe Schlange opfert sich schließlich auf, indem sie sich in eine Brücke verwandelt, die als Symbol der Völkervereinigung das Glück und die gegenseitige Liebe aller Menschen sichert. Dazu war aber das Mysterium des *Stirb und Werde* notwendig, das sich nur in der tiefsten Andacht vollenden konnte. Der Tempel, der aus der Erde schießt und nun am Ufer des Flusses steht, zeugt davon, „und bis auf den heutigen Tag wimmelt die Brücke von Wanderern, und der Tempel ist der besuchteste auf der ganzen Erde".

Das Märchen weist manche Ähnlichkeiten mit der *Chymischen Hochzeit* auf: die Lilie, die schon in Salomos Hohemlied die Geliebte symbolisiert, die drei Könige, die Notwendigkeit der Wiedergeburt, die Motive des Wassers und des Lichtes, das philosophische Gold, der freiwillige Tod und die zuerst vegetative, dann geistige Wiedergeburt des jungen Prinzen, die Hochzeit des Königs und der Königin, die Erlösung der Natur. Es ist bemerkenswert, daß Goethe in seiner *Geschichte der Farbenlehre* schrieb: „Es führt zu sehr angenehmen Betrachtungen, wenn man den poetischen Teil der Alchemie (...) mit freiem Geiste behandelt. Wir finden ein aus allgemeinen Begriffen entspringendes, auf einen gehörigen Naturgrund aufgebautes Märchen." Und im *Faust* ist von dem „Vermählen der Lilie" die Rede (V. 1042 ff.).

Übrigens ist es auch möglich, im zweiten *Faust* Berührungspunkte mit der *Chymischen Hochzeit* aufzuspüren. Der Knabe Lenker in der Mummenschanzszene des I. Akts erinnnert an den Knaben, der Christian Rosenkreuz durch das Schloß und bis zum Venusaltar führt. Und in Fausts Besuch bei den Müttern im allertiefsten Grund des Hades, aus dem er Helena hervorholt, mag noch etwas aus der Venusszene anklingen. Im II. Akt begegnet Faust am Ägäischen Meer Sirenen, Nereiden und Tritonen, deren Töne „durch das breite Meer durchdröhnen" wie das Liebeslied der Nymphen in der *Chymischen Hochzeit*. Die Szene im Laboratorium stellt die alchemistische Herstellung des Homunculus dar, der aus der „Vermählung" des „männlichen" Schwefels mit dem „weiblichen" Mercurius hervorgeht. Wagner schaut in die Phiole und sagt entzückt:

> „Ich seh' in zierlicher Gestalt
> Ein artig Männlein sich gebärden."

Dieses Männlein sieht so aus wie der transmutierte junge Prinz in der *Chymischen Hochzeit*, in der es heißt: „Sobald der Leib die Seele empfangen hatte, tat er die Augen auf und zu, doch rührte er sich noch kaum." Im Gegensatz zu der *Chymischen*

Hochzeit, in der die psychischen Vorgänge noch immer auf chemische Stoffe projiziert werden, hebt Faust „die Projektion in die Sphäre persönlich-psychologischen Erlebens und damit in das Bewußtsein. Dieser entscheidende Schritt bedeutet nichts weniger als die Auflösung des alchemistischen Rätsels" (C. G. Jung, *Psychologie und Alchemie*, S. 544). Darum scheitern die „Geburten" und Verjüngungsformen, wie der Knabe Lenker und der Homunculus. Dagegen geschieht an Faust in der letzten Szene der Tragödie nach seinem Tode die alchemistische Verwandlung, die in der *Chymischen Hochzeit* geschildert wird. Engel singen:

> „Jene Rosen (...)
> Halfen uns den Sieg gewinnen
> Uns das hohe Werk vollenden" (V. 11942 ff.).

Der *senex* ist wieder *puer* geworden und hat seinen irdischen Körper gegen einen ätherischen Leib eingetauscht. C. G. Jung bemerkte, daß diese himmlische Alchemie dadurch angedeutet wird, daß Doctor Marianus an den Namen des Alchemisten Morienus gemahnt.

Das rosenkreuzerische Erbgut wurde zu Goethes Zeiten von anderen Dichtern und Denkern verwaltet. Der Frankfurter Theosoph Johann Friedrich von Meyer (1772–1849) gab 1827 eine kritische Ausgabe der Urschriften mit Varianten heraus: *Die beiden Hauptschriften der Rosenkreuzer, die Fama und die Confession*, mit „dem seltenen Lateinischen Original der zweyten Schrift". In einem Brief an Meyer stellte Fürst Christian von Hessen-Darmstadt Hypothesen über das Bestehen der Rosenkreuzer im 16. Jahrhundert auf. Johann Heinrich Jung-Stilling (1740–1817) berichtet in dem Roman *Heimweh* über dic Aufnahme in eine Rosenkreuzerloge und deren alchemistische Forschungen. In der Novelle *Theobald oder die Schwärmer* begeistert sich der Titelheld für die Alchemie, und er stöbert ein Werk auf, „welches die Geschichte des Christian Rosenkreuzers (sic) und seines Ordens in solchen fanatischen und romantischen Ausdrücken beschrieb, daß dem guten Jüngling Hören und Sehen verging, als er es durchlas". Karl von

Eckartshausen (1752–1803) sehnt sich in *Kostis Reise* nach einem Wiederaufblühen von Initiationsriten zur Erneuerung der korrumpierten Gesellschaft. Zacharias Werner (1768–1823), der in seinem Drama *Die Söhne des Tales* (1803) den Untergang der Templer schildert, glaubt an die Geburt des inneren Menschen durch die Zersetzung seiner irdischen Natur und beschreibt einen Templer, der die schottische Freimaurerei vertritt und sich für den Großmeister der Brüder vom Kreuz ausgibt. Achim von Arnim (1781–1831) benutzte das rosenkreuzerische Motiv in seinem Roman *Gräfin Dolores* (1809). Es ist höchstwahrscheinlich, daß Novalis (1772–1801) die *Chymische Hochzeit* gelesen hatte; Ayako Nakai hat auf die vielen Berührungspunkte zwischen Andreaes Erzählung und *Die Lehrlinge zu Sais* oder *Heinrich von Ofterdingen* hingewiesen. Und, *last but not least*, Mozart hatte seit 1784 regelmäßig Umgang mit dem Spätrosenkreuzertum. Manche seiner Beschützer waren Mitglieder von Maurerlogen, in denen spekulative Alchemie betrieben wurde, und sowohl die Musik als auch das von Schikaneder verfaßte Textbuch der *Zauberflöte* symbolisieren den *Hierosgamos* der Sonne mit dem Mond, des *animus* („Tamino") mit seiner *anima* („Pamina"), und die einweihende Verwandlung. „Sarastro", dessen Name von „Zarathustra" abgeleitet ist, wurde manchmal als mythische Reinkarnation von Christian Rosenkreuz aufgefaßt.

Im 20. Jahrhundert wollte Stefan George (1868–1933) in seinem Gedicht *Die Templer* eine neue Weltordnung ankündigen, die er später in dem *Stern des Bundes* (1913) beschrieb, und er berief sich auf die Symbole der Rose und des Kreuzes. Hugo von Hofmannsthal (1874–1929) besaß in seiner Bibliothek ein Buch von Ferdinand Maack, betitelt *Zweimal gestorben. Die Geschichte eines Rosenkreuzers aus dem 18. Jahrhundert* (1912), das einen historischen Abriß über das Rosenkreuzertum enthielt. Kurz vor dem ersten Weltkrieg arbeitete Hofmannsthal an einem Erziehungsroman, der leider Fragment geblieben ist: *Andreas oder die Vereinigten*. Der Name Andreas erinnert an Andreae, und die Vereinigten sind eine Anspielung auf die Rosenkreuzer. Wie so oft bei Hofmannsthal wird das Motiv der Beziehungen zwischen Venedig und Österreich behandelt. Andreas von Ferschengelder wird von dem Malteser Sacramozo, der in die Rosenkreuzerweisheit von der inneren Verknüpfung aller Dinge eingeweiht ist, in eine geheimnisvolle, sinnlich-magische Welt geführt. In bezug auf Andreas' Begegnung mit Maria schreibt Hofmannsthal: „Liebe ist die Anziehung, welche jene belebten Gegenstände auf uns ausüben, mit denen zu operieren wir berufen sind. Operieren heißt einen belebten Organismus durch Verwandlung zur Vollkommenheit führen."

In England spielte das Rosenkreuz eine Rolle, die schon unterstrichen wurde und die sich auf Bacons *New Atlantis* oder John Heydons *Voyage to the land of the Rosicrucians* auswirkte. Der Dramatiker Ben Jonson (1572–1637), der 1610 die Satire *The Alchemist* geschrieben hatte, beweist mit seiner Komödie *The Fortunate Isles* seine gute Kenntnis des Rosenkreuzertums. Der Dichter Alexander Pope (1688–1744) wurde von den englischen Übersetzungen des *Comte de Gabalis* beeindruckt, und er erklärt in bezug auf eines seiner Gedichte, daß er es unter dem Einfluß des rosenkreuzerischen Gedankenguts geschrieben habe. Percy B. Shelley (1792–1822) beschreibt in seinem Roman *St Irvyne, or the Rosicrucian* das phantastische Schicksal eines verarmten deutschen Adligen namens Wolfstein, der in die Alpen zieht und sich dort zu Räubern gesellt. Einer von ihnen prahlt mit seinen naturphilosophischen Kenntnissen und rühmt sich, das Geheimnis der Langlebigkeit zu kennen. Der schauerliche Ausgang der Geschichte findet im Keller eines verfallenen Klosters statt, wo der Teufel Wolfstein und seinen Gesellen niederschmettert und tötet. Edward George Bulwer Lytton (1803–1873), der wegen seiner Schrift *The last days of Pompei* weltberühmt wurde, schrieb unter dem Titel *Zanoni* einen rosenkreuzerischen Roman. Der Ich-Erzähler begegnet in einer esoterischen Buchhandlung einem alten Mann, der ihm dann Zanonis Manuskript anvertraut. Der Titelheld und sein religiöser Lehrer stellen sich als die letzten Vertreter eines uralten Ordens der Rosenkreuzer vor, die mittels eines wunderbaren Elixiers ihr

Leben mehrere Jahrhunderte hindurch verlängern konnten. Aber Zanoni vernarrt sich in ein Mädchen, und aus Liebe zu ihr opfert er sich auf. Auch der Dichter William Butler Yeats (1865–1939) verwendete in seinen Gedichten und Novellen das Motiv der Rose und des Kreuzes.

Unter den Franzosen stellte sich Descartes (1596–1650), der um 1620 als Offizier im Heer des Herzogs von Bayern diente, Fragen über das wirkliche Bestehen der Rosenkreuzer in seinem *Studium bonae mentis*. Der Essayist und Philosoph Cyrano de Bergerac (1620–1655) bezeichnete sie in seiner *Histoire comique des Etats et Empires de la Lune* als eine „cabale de jeunes gens". Der Abbé de Montfaucon de Villars (1635–1673), ein überzeugter Anhänger von Paracelsus, schilderte in *Le Comte de Gabalis* eine unsichtbare Bruderschaft von überlegenen Männern, die in der Kabbala und Hermetik bewandert sind und das Geheimnis des *Lapis Philosophorum* besitzen. Dasselbe Motiv wird später bei Anatole France (1844–1924) in seiner *Rôtisserie de la Reine Pédauque* wieder auftauchen. Am Anfang des 19. Jahrhunderts erwähnte Germaine de Staël (1766–1817) die Rosenkreuzer in ihrem Essay *De l'Allemagne*. Gleichzeitig begeisterten sich in Frankreich manche Dichter für die Esoterik, die zum Beispiel gewissen Novellen von Charles Nodier (1780–1844) und Balladen von Victor Hugo (1802–1885) ihre eigentümliche Lokalfarbe verleiht. Der Dichter und Dramatiker Antoine Fabre d'Olivet (1768–1825) besaß in seiner Privatbibliothek alte alchemistische Traktate. Auguste Villiers de l'Isle-Adam (1838–1889) verfaßte eine Reihe von esoterischen Schriften, *Isis, Ellen, Morgane, L'Intersigne*, die ab und zu rosenkreuzerisch gefärbt sind. Joséphin Péladan (1858–1918) vereinigte in sich einen strengen Katholizismus, eine starke Neigung zur Esoterik und eine übersteigerte Erotik; diese scheinbar unvereinbaren Charakterzüge schlugen sich in den Romanen nieder, die er unter dem Titel *Décadence latine* vereinigte: *Le vice suprême, Initiation sentimentale, Androgyne usw., und in esoterischen Abhandlungen:* Comment on devient mage, Comment on devient fée, L'Occulte catholique usw. Péladan organisierte ab 1892 in Paris auch erfolgreiche Kunstausstellungen, die *Salons de la Rose-Croix* (mit Gemälden von Gustave Moreau, Felicien Rops, Georges Rouault), ein rosenkreuzerisches Theater, für das er Dramen wie *Le Mystère du Graal* oder *Le Mystère des Rose-Croix* geschrieben hatte, und ebenfalls ein rosenkreuzerisches Orchester, für welches der berühmte Musiker Erik Satie (1866–1925) eine Zeitlang esoterische Musikstücke komponierte.

In Rußland beginnt der Einfluß des Rosenkreuzertums am Ausgang des 18. Jahrhunderts, insbesondere in Moskau, wo eine mystisch-quietistische und eine hermetisch-alchemistische Tendenz zutage tritt. Für Nicolai Novikof (1744–1818) hatte die Alchemie zum Zweck, dem Zaren genügende Goldmengen zu verschaffen, um über die Menschheit zu herrschen. Schon die *Fama* und die *Confessio Fraternitatis* verfolgten teilweise dasselbe Ziel der Menschheitsbeherrschung. Frau von Krüdener (1764–1824) legte 1815 vor dem Zaren Alexander I. ähnliche Gedanken über die mystische Theokratie dar. Ein Jahrhundert später wurden von zwei prominenten russischen Schriftstellern zwei rosenkreuzerisch gefärbte Schriften veröffentlicht: *Die Rose und das Kreuz* von Alexander Blok (1880–1921) und *Petersburg* von Andrej Belyj (1880–1934), einem Schüler von Rudolf Steiner.

In Portugal widmete der berühmte Dichter Fernando Pessoa (1888–1935) dem Grab von Christian Rosenkreuz drei ausgezeichnete Sonette, und der zeitgenössische Maler und Schriftsteller Lima de Freitas wußte in einem Gemälde über dasselbe Thema die tiefgreifende Symbolik und die Geheimnisse des Rosenkreuzes vortrefflich wiederzugeben.

In Lateinamerika erwähnte der weltbekannte argentinische Schriftsteller Jorge Luis Borges (1899–1986) in *Ficciones* (1956) Johann Valentin Andreae, diesen „deutschen Theologen, der am Anfang des 17. Jahrhunderts die imaginäre Gemeinschaft des Rosenkreuzes beschrieben hatte, die andere später nach dem von ihm vorgebildeten Muster gründeten".

V. Das jüngere Rosenkreuzertum

Seit der zweiten Hälfte des 19. Jahrhunderts entstanden mehrere Gemeinschaften, die sich auf das Rosenkreuz berufen, deren Lehren aber voneinander abweichen. Im folgenden wird ohne jeden Anspruch auf Vollständigkeit der Versuch gemacht, die bekanntesten kurz zu charakterisieren.

1. Die Societas Rosicruciana in Anglia

Sie wurde 1867 von Robert Wentworth Little (1840–1878) gegründet, und eines ihrer ersten Mitglieder war der Franzose Eliphas Levi, Pseudonym von Alphonse-Louis Constant (1810–1870). Sie folgte dem „schottischen Ritus" und lehnte sich an das Gold- und Rosenkreuz an. Die Londoner S.R.I.A. besteht heutzutage weiter und hat Schwestergesellschaften in Schottland, in den USA und in Frankreich. Nur die Freimaurer, die von der Vereinigten Großloge in England anerkannt sind, dürfen in die S.R.I.A. aufgenommen werden. Die Forschungen ihrer Mitglieder zielen darauf ab, im Rahmen der christlichen Tradition, der Kabbala und der spekulativen Alchemie zu einer besseren Kenntnis der echten Freimaurerei zu gelangen.

Im Jahre 1887 erschien ein seltsamer Ableger der S.R.I.A., *The Hermetic Order of the Golden Dawn* mit elf Graden, der Logen in London, Bristol, Bradford, Edinburgh und Paris gründete und dessen Mutterloge „Licht, Liebe, Leben" in Deutschland war. Der Orden zählte zu seinen Mitgliedern einen Sonderling, Aleister Crowley (1875–1947), der auch dem Orden der Martinisten und dem *Ordo Templi Orienti* angehörte. Er war nicht nur der Verfasser von zahlreichen esoterischen Werken und von dem *Journal d'un drogué*, sondern auch ein ausgezeichneter Bergsteiger, der zwischen 1894 und 1898 ohne Bergführer den Eiger, die Jungfrau und den Mönch erkletterte und mehrere Erstbesteigungen machte. 1900 erstieg er in Mexiko die Vulkane Popocatépetl und Ixtaccihuatl, und im Himalaja nahm er an zwei Expeditionen teil. Sein liederlicher Lebenswandel erregte aber bei manchen Brüdern Anstoß, so daß Sir Arthur Edward Waite (1857–1942), der wichtige Studien über die Rosenkreuzer veröffentlicht hat, und der irische Dichter Yeats eine Reform des Ordens beschlossen. Crowley gründete seinerseits das *Astrum Argentinum*, eine Gemeinschaft, in der Astrologie studiert und kollektiven sexuellen Riten gefrönt wurde.

2. Der kabbalistische Orden des Rosenkreuzes

Er wurde 1888 von Stanislas de Guaita (1861–1897), dem Sprößling einer adligen Familie aus Florenz, gegründet und zählte in seinem Direktorium Persönlichkeiten wie Joséphin Péladan und den Arzt Gérard Encausse alias Papus (1865–1916), der esoterische Bücher geschrieben hatte und den „Ordre martiniste" leitete, der sich auf die Theosophie des „unbekannten Philosophen" Louis Claude de Saint-Martin (1743–1803) berief. Der kabbalistische Orden des Rosenkreuzes funktionierte nach Art einer Universität, lehrte die Geschichte der Rosenkreuzer, die Kabbala und die hebräische Sprache, und er erteilte Diplome: Bakkalaureus, Lizentiat, Doktor. Im Jahre 1890 schied Péladan aus dieser Bewegung aus und gründete einen *Orden des katholischen Rosenkreuzes*, denn er war überzeugt, daß die römisch-katholische Kirche in dem Maße, wie sie sich auf eine dogmatische und exoterische Lehre beschränkte, ihrer Sendung nicht gewachsen war. Deswegen sandte er an den Papst und an die Kardinäle eine Supplik mit der Bitte, der esoterischen Tradition in der Kirche den ihr gebührenden Stellenwert zurückzugeben.

3. Antiquus Mysticusque Ordo Rosae Crucis (AMORC)

Der Amerikaner Harvey Spencer Lewis (1883–1939) gründete 1909 diesen Orden, nachdem er in Frankreich ein wunderliches Erlebnis gehabt hatte. In einem alten Turm bei Toulouse ging er eine Wendeltreppe hinauf und gelangte in ein viereckiges Arbeitszimmer, wo ein alter, weißhaariger Mann ihm sagte, er sei ohne sein Wissen bis zu diesem Ort geleitet worden, und ihm einen Brief gab. Einige Tage später fuhr ihn ein Wagen bis zu einem Schloß, in dem er einschlief und im Traum von einem Kapitel der Erleuchteten in einer Höhle den Auftrag erhielt, den Orden in den U.S.A. ins Leben zu rufen. In dieser Legende erkennt man Symbole, die zum Teil schon in der *Chymischen Hochzeit* gegenwärtig sind: den „alten Weisen", der die Funktion eines *Psychopompos* erfüllt, den Zulassungsbrief, den Turm als emporragendes Sichbehaupten des Lebens, die Wendeltreppe, die sinnbildlich zur Einweihung führt, das obere Viereck, das an das göttliche Tetragramm erinnert, die Höhle als Symbol der Gebärmutter und der Wiedergeburt.

Der AMORC hat seinen Sitz in Kalifornien, hat aber auch eine große Anzahl von Mitgliedern in der ganzen Welt rekrutiert. Im Sog der Spätrosenkreuzer und der Katharer hat er sich eine Entstehungsgeschichte aufgebaut, die von Altägypten bis zu dieser asketischen Sekte in Südfrankreich reicht. Heutzutage bezeichnet sich der Orden als von allen religiösen oder politischen Bindungen unabhängig. Er folgt einem Einweihungsritual und einer Hierarchie von zwölf Graden, wobei die drei höchsten geheim gehalten werden. Der Fernunterricht der Mitglieder zielt einerseits auf eine tiefere Kenntnis der Naturwissenschaften ab und andererseits auf die körperliche und psychologische Selbstbeherrschung, eventuell mit Hilfe des Magnetismus und der Gedankenübertragung.

4. The Rosicrucian Fellowship (Rosenkreuzer-Gemeinschaft e.V.)

Der Gründer dieser Gemeinschaft war Carl Louis Fredrik Graßhoff (1865–1919), der Sohn eines nach Dänemark ausgewanderten Deutschen und einer Dänin, der später in Amerika den Namen Max Heindel annahm. Während eines Aufenthaltes in Deutschland im Jahre 1908 wurde er von einem „Älteren Bruder" besucht, den er kannte und als Lehrer verehrte: Er kam „von Zeit zu Zeit, gekleidet in seinen Lebensleib, und erleuchtete den Verfasser über verschiedene Punkte. Im April und Mai wurde der Autor zu einer Reise an einen Ort eingeladen, an dem der Rosenkreuzertempel errichtet ist. Hier traf er den

Älteren Bruder in seinem physischen Körper. Dem Verfasser wurde die weitreichende Philosophie vermittelt", die er auf Geheiß des Älteren Bruders in einem Schriftwerk zusammenfaßte und veröffentlichte. 1909 kam in Chicago *The Rosicrucian Cosmo-Conception* heraus, und in demselben Jahr wurde „The Rosicrucian Fellowship" gegründet, die ihre Weltzentrale auf „Mount Ecclesia" in Oceanside, südlich von Los Angeles, hat.

Nach Max Heindel „kam im 13. Jahrhundert ein hoher spiritueller Lehrer nach Europa, der den symbolischen Namen Christian Rosenkreuz (...) trug. Er gründete den mystischen Orden der Rosenkreuzer, um esoterisches Licht auf die mißverstandene christliche Religion strahlen zu lassen (...). Wie alle anderen Mysterienorden ist der Orden der Rosenkreuzer nach kosmischen Gesetzen gebildet. (...) Seit der Geburt von Christian Rosenkreuz als Gründer der rosenkreuzerischen Mysterienschule sind Jahrhunderte vergangen. (...) Dieses besondere Ich ist seither ununterbrochen in dem einen oder anderen europäischen Land physisch anwesend gewesen. (...) Auch heute ist es als Eingeweihter hohen Grades verkörpert. Und obgleich die Welt nichts davon weiß, ist es ein aktiver und mächtiger Faktor in allen Angelegenheiten des Westens. (...) Der wahre Name Christian Rosenkreuz ist eine Vereinigung der Art und der Mittel, durch die der heutige Mensch in den Göttlichen Übermenschen verwandelt wird". Max Heindel erklärt noch in *The Rosicrucian Cosmo-Conception* (deutsche Übersetzung: *Die Weltanschauung der Rosenkreuzer, oder mystisches Christentum*), daß Christus seinen Jüngern die Theorie der Wiedergeburt vermittelte, und er behauptet, daß die Lehre der Wiederverkörperung, die mit der Seelenwanderung nichts zu tun hat, im Grunde genommen dem *esoterischen* Christentum nicht widerspricht.

5. Lectorium Rosicrucianum

Diese Gemeinschaft, die ihren Hauptsitz in Haarlem, in den Niederlanden, hat, bezieht sich auf die Urschriften des älteren Rosenkreuzertums. Jan van Rijckenborgh gab niederländische

Übersetzungen von Andreaes *Fama Fraternitatis*, der *Confessio Fraternitatis*, der *Chymischen Hochzeit* und von sieben Kapiteln aus der *Christianopolis* mit umfangreichen Erklärungen heraus, aus denen man die Lehren des Lectorium Rosicrucianum entnehmen kann. Diese Bände erschienen auch in deutscher Übersetzung. Als Beispiel für diese ausgedehnten Kommentare sei nur angemerkt, daß der Text der Fama in der diesbezüglichen deutschen Edition 23 Seiten umfaßt, während der entsprechende Kommentar über 400 Seiten beträgt.

Nicht von ungefähr hatte J. van Rijckenborgh außer den Rosenkreuzerschriften die *Christianopolis* aus Andreaes Oeuvre gewählt. Das letzte Kapitel seines Kommentars gibt nämlich Aufschluß über die Entstehungsgeschichte der Geistesschule des Goldenen Rosenkreuzes (Lectorium Rosicrucianum). Die Gründer gingen von der Überzeugung aus, die Heilige Schrift enthalte einen verborgenen Sinn, den es zu entdecken gilt. Sie setzten sich vor allem mit der Esoterik des Pentateuchs, des Evangeliums und der Offenbarung des Johannes auseinander und entwickelten im Anschluß an den Manichäismus eine gnostische Lehre, die zum Teil an die Weltanschauung der Katharer erinnert. Nach dem Sündenfall seien Christushierophanten aufgetreten, die es sich zum Ziel gesetzt hätten, „aus einer genügenden Anzahl Menschen durch positive Ausbildung ihrer latenten Vermögen in der Liebe Christi ein Kraftfeld zu bilden. Hierdurch wird erstens das Böse zurückgedrängt und gebunden, und zweitens eine neue Erziehungsmethode“ für die Menschen geschaffen. In der Tat lehrt die Geistesschule des Goldenen Rosenkreuzes, daß es der Auftrag des Menschen sei, „das *soma psychikon*, das goldene Hochzeitskleid, zu weben. Das ist der Trägerkörper, mit dem der Mensch die Übernatur betreten kann, wenn er die niedere Natur und den Tod überwunden hat“.

In seiner Auslegung der *Fama Fraternitatis* erläutert J. van Rijckenborgh diese alchemistische Verklärung des Menschen anhand des Symbols des Rosenkreuzes: „Sie müssen dann den Kreuzweg gehen, den Pfad von Golgotha, den Weg des selbstaufopfernden Liebesdienstes, damit an dem Punkt, wo die horizontale und die vertikale Linie sich schneiden, das geistige Herz sich zu einer weißen Rose entfaltet. Erst wenn Sie diese weiße Rose empfangen haben, hören Sie die magische Musik aus dem Wald des Erreichens, die Chöre des unsichtbaren Gebäudes", der Wohnung der Rosenkreuzer.

6. Rudolf Steiner und die Anthroposophie

Auch Rudolf Steiner (1861–1925) ist zu den rosenkreuzerischen Quellen von Andreae zurückgegangen, als er 1917–1918 in München eine Studie über die *Chymische Hochzeit* in der Zeitschrift „Das Reich" veröffentlichte. Steiner zufolge kann man die ersten geistigen Ansätze zur Rosenkreuzer-Strömung schon im 4. Jahrhundert, zur Zeit Konstantins des Großen, feststellen. Aber Rudolf Steiner war überzeugt, ohne es natürlich nachweisen zu können, daß diese Bewegung schon im Jahre 1050 physisch in Erscheinung getreten sei. In Christian Rosenkreuz selbst sieht Steiner „eine Persönlichkeit, welche auf die Art in die geistige Welt eingetreten ist, die im fünfzehnten Jahrhundert zu Ende ging". In seinem Werk *Die Theosophie des Rosenkreuzers* meint er, Christian Rosenkreuz habe sich tatsächlich im Jahre 1459 anläßlich der „Chymischen Hochzeit" als der Führer einer kleinen Gruppe von Eingeweihten geoffenbart, und er fügt hinzu, daß jene hohe Individualität, die sich damals in Christian Rosenkreuz verkörpert hatte, seither nie aufgehört habe, die Rosenkreuzer zu leiten und zu belehren. Sie sei immer aufs neue in die Rosenkreuzer-Strömung eingetreten, immer in demselben Körper, wie es okkultistisch heißt. Denn im Gegensatz zu einer verbreiteten Meinung ist der Mensch gemäß dieser Ansicht nach dem Tod keineswegs untätig: er hat im Gegenteil manches Werk auszuführen, das im allgemeinen Verlauf der Welt von Bedeutung ist.

In dieser Hinsicht erscheint Christian Rosenkreuz als der Prototyp des „Geistesmenschen", d.h. der noch nicht realisierten Gestalt des Menschen, die außerhalb des menschlich Faßbaren liegt. Er veranschaulicht die Idee der Reinkarnation, er vergegenwärtigt die „karmische“ Zukunft: „Menschen, mit welchen die Seele in einem Leben verbunden war, wird sie in einem folgenden wiederfinden müssen (...). Der Leib unterliegt dem Gesetz der *Vererbung*; die Seele unterliegt dem selbstgeschaffenen Schicksal. Man nennt dieses von dem Menschen geschaffene Schicksal mit einem alten (buddhistischen) Ausdruck sein *Karma*. Und der Geist steht unter dem Gesetze der *Wiederverkörperung*, der wiederholten Erdenleben“ (R. Steiner, *Theosophie*, S. 93). Infolgedessen kommt es darauf an, „Seelenfähigkeiten zu wecken, seelische Kräfte regsam werden zu lassen, das Erkenntnislicht zu entfachen. Deshalb läßt (Steiner) seine Rosenkreuz-Meditation in der Weise vollziehen, daß der Übende selbst in sich durch ein inneres, anschauendes Denken und Vorstellen das Rosenkreuz „aufbaut““ (G. Wehr, *Kontrapunkt Anthroposophie*, S. 40).

Dritter Teil:
Die Symbolik des Rosenkreuzes

I. Das Kreuz und die Rose

Insofern es historisch feststeht, daß Christian Rosenkreuz als mythische Gestalt nicht vor Anfang des 17. Jahrhunderts belegt ist und daß der Name um 1603 von dem jungen Studenten Johann Valentin Andreae erfunden wurde, ist es nicht verwunderlich, daß Andreae diesen Namen aus dem Wappen seiner Familie herleitete, das ein rotes Andreas-Kreuz mit vier roten Rosen darstellt. Als der Großvater Jakob Andreae durch den Wappenbrief von 1553 dieses Wappenbild registrieren ließ, hatte er vielleicht dem Andreas-Kreuz, das sich auf den Familiennamen bezieht, aus Ehrfurcht vor Luther Rosen hinzugefügt, denn der Reformator führte ein schwarzes Kreuz auf einem roten Herzen in der Mitte einer weißen Rose im Wappen. Der Unterschied liegt aber darin, daß Luther mit der weißen Rose die Theophanie der Verklärung symbolisieren wollte, während das Rot der Blumen in Andreaes Wappen das Blut des Märtyrertodes andeutet und das Andreas-Kreuz zugleich an den Apostel und an die Etymologie seines Namens erinnert, der von dem Griechischen ανηρ, Genitiv ανδρος, abgeleitet wurde, so daß die Symbolik auf die ganze Menschheit ausgedehnt wird. Als Christian am Anfang der *Chymischen Hochzeit* sich für den Weg rüstet, steckt er vier rote Rosen auf seinen Hut, und er umgürtet seine Lenden mit einem „blutroten Band, kreuzweise über die Achseln gebunden". Das rote Andreas-Kreuz erlangt in der Handlung eine doppelte Bedeutung: zum einen die Bedeutung der innigen Liebe zu Gott und den Menschen, zum anderen der *rubedo*, die in der Alchemie der Vollendung des Werkes unmittelbar vorangeht, so daß sie den Zugang zu den höchsten Mysterien verschafft.

Andreae zeigt in mehreren Schriften, daß er eine umfangreiche Kenntnis der Emblematik hatte. Im *Theophilus* weist er auf die symbolische Bedeutung des lateinischen Kreuzes hin:

der vertikale Balken versinnbildlicht demnach den Abstieg der göttlichen Gnade und den dankbaren Aufstieg der Seelen zu Gott, während der horizontale Balken die Verbreitung des Evangeliums und der Nächstenliebe veranschaulicht. Das Kreuz bestimmt einen Mittelpunkt durch zwei sich kreuzende Geraden. Die Mitte steht für die Idee der Ganzheit, und dieser Kreuzungspunkt ist identisch mit Christus, der auf dem Kreuz alles vereinigt und verklärt. Augustinus beschreibt auf realistische Weise den blutigen *Hierosgamos* Christi mit der Kirche auf dem Brautbett des Kreuzes. Papst Clemens VI., der Mäzen des Dichters Petrarca, ließ sein Grabgewölbe mit Rosen und goldenen Kreuzen verzieren. Der Mystiker Heinrich Seuse (1295–1366) sah in einer Vision, wie der Rosenstock der Kasteiungen zuerst seine Zweige wie die Arme des Heilands auf dem Kreuz ausstreckte, um dann die Menschheit in einer wunderbaren Hochzeit zu umschlingen. So erklärt sich die häufige Gleichsetzung des Kreuzes mit dem Baum.

Die *Monas Hieroglyphica*, die Andreae in der Chymischen Hochzeit abbildete, verweist auf den mehrschichtigen Sinn des Kreuzsymbols. Nach John Dee ist das Kreuz das Sinnbild der Dreiheit (zwei Geraden und ihr Kreuzpunkt), das zugleich auf die Dreifaltigkeit und auf die Triade Leib-Seele-Geist hindeutet. Das Kreuz ist ebenfalls das Symbol der Vierheit mit den vier Geraden, die von dem Mittelpunkt ausgehen, und damit bedeutet es die vier Evangelisten, die vier Himmelsrichtungen, die vier Eigenschaften des Trockenen, des Feuchten, des Kalten und des Warmen, aber auch die Quaternität, die mit der göttlichen Trinität die Materie bzw. die Natur als Viertes zusammenbringt. Bezieht man den Kreuzpunkt in diese symbolische Rechnung ein, so entsteht daraus die Fünfzahl, die Zahl der Quintessenz, der Vermählung der männlichen Drei mit der weiblichen Zwei, und infolgedessen die Zahl des *Hierosgamos*, der Hochzeit des Lammes mit „seinem Weibe“, wobei das neue Jerusalem, das viereckig ist, vom Himmel herabkommt (Off. 19, 7; 21, 2).

Gerhard Dorn, der wahrscheinlich den bzw. die Verfasser der Rosenkreuzer-Schriften mit seinen Ideen beeinflußte, erklärte, daß Gott am *zweiten* Tag der Schöpfung, als er die oberen Wasser von den unteren schied, die Zweizahl erschuf, und daß er es gerade am Abend des zweiten Tages unterließ, zu sagen, „daß es gut war". Da die Zweizahl in der Symbolik weiblich ist, schien es Dorn normal, daß der Teufel gerade Eva versuchte. Und da alle geraden Zahlen weiblich sind, verwarf Dorn ebenfalls die Vier, die nach der Alchemie ihre Einheit in der *Quinta Essentia* findet. Er hielt nämlich die Quaternität für einen teuflischen Betrug und wollte mit dieser Behauptung auf die Kluft hinweisen, die das Christentum zwischen dem Geist und der Natur aufgerissen habe, so daß die ganze Schöpfung dem „Fürsten dieser Welt" überlassen worden sei.

Doch der eigentliche Mittler zwischen Geist und Materie ist eben der Mensch, weil er an beiden Reichen teilhat. Genauso wie Christus durch die Kreuzigung und die Auferstehung das Menschengeschlecht erlöste, so soll auch in alchemistischer Sicht der Mensch schlechthin, der reinste und echteste Mensch als alchemistischer Erlöser einmal erscheinen. Es geht hier auf keinen Fall um eine Gotteslästerung, denn der Opfertod Christi war einmalig, und Christus ist und bleibt auf Ewigkeit der *salvator microcosmi*. Es handelt sich vielmehr um den *servator cosmi*, der die Befreiung des *macrocosmos* von dem Übel bewirken und die dialektische Spannung zwischen Christus und dem Antichrist lösen wird.

Dieser ganzheitliche Mensch, dieser *purissimus homo* (reinster Mensch), wie Gerhard Dorn ihn nennt, existiert noch nicht, aber er wird „in postremis temporibus" (in den letzten Zeiten) erscheinen. Nach dem Vorbild Christi, der als „Leo de tribu Juda" (Löwe, der da ist vom Geschlecht Juda) gesiegt hat (Off. 5, 5), wird er Khunrath zufolge der „Leo de tribu Catholica" sein, der alchemistische Erlöser der Materie, dessen „rosenfarbenes Blut" für die Schöpfung die Panazee sein soll. Gerhard Dorn schreibt in der *Aurora Philosophorum*, Basel 1577: „... in den letzten Tagen wird ein reinster Mensch auf die Erde kommen, durch welchen die Welt erlöst werden wird. Mit den *rosenfarbenen* Tropfen des Blutes, das er ausschwitzen wird, wird er die Welt von dem Fall erlösen" (S. 23). Das Blut „rosei rubeive coloris" besagt, daß Dorn nicht an natürliches Blut dachte, sondern an die lebensspendende Vermählung, die alle Elemente im Zeichen der *Rose* vereinigt.

Die Symbolik der Rose hat sich im Mittelalter in Europa „eingepflanzt", als die „Rosen von Jericho", von denen in der Bibel die Rede ist (Sirach 24, 18), durch Pilger nach Deutschland kamen, und im Volksglauben für heilkräftige, die Geburt fördernde Wunderblumen gehalten wurden. In der christlichen Ikonologie symbolisiert die Rose bekanntlich die Heilige Maria als „rosa mystica". Sie wird auch direkt auf Christus bezogen, wie z.B. bei Hildegard von Bingen oder bei der Mystikerin Mechtild von Magdeburg (1212–1294), in deren Visionen der Herr mit einer Rose auf der Brust erscheint. Die Rosenmystik gelangte in die Alchemie, in der mehrere Traktate mit dem Wort „Rosengarten" betitelt sind: der bekannteste ist das *Rosarium Philosophorum*, das 1593 in der Sammlung *Artis auriferae* wieder abgedruckt wurde und wahrscheinlich ein Werk des katalonischen Alchemisten Arnaldus de Villanova (1240–1311) war.

Da die Rose gewöhnlich fünfblättrig ist, ist es nicht verwunderlich, daß sie oft mit dem Kreuz in Verbindung gebracht wurde, das auch als Symbol der Fünf gelten kann. In dem *Hortus deliciarum* von Herrad von Landsperg erscheinen die vier Evangelisten angeordnet in einer „Rose", also einem Kreis. Das Kreuz ist immer das Symbol der Ganzheit, der Synthese, der *conjunctio oppositorum* gewesen, so daß die ihm entsprechende Quaternität auf die Einheit zurückführt. Diese Vereinigung der Gegensätze wird durch die Dynamisierung und Rotation des Kreuzes veranschaulicht, wodurch ein Rad entsteht. Wegen der Vollkommenheit des Kreises oder der Kugel, die beide die Vier enthalten, ist das Runde ein Symbol der Gottheit, der Sonne, aber auch des Goldes als perfekter Substanz. In dem *Rosarium Philosophorum* heißt es: „Mach den Kreis rund, und du wirst den Stein der Weisen erhalten." Da der *Lapis Philosophorum* das Ergebnis einer „chymischen Hochzeit" ist, wird der Alchemist aufgefordert, „einen runden Kreis aus Mann und Frau" zu machen, wobei an Platons kugelrunden doppelgeschlechtlichen Menschen erinnert wird.

Der symbolische Übergang von dem Kreuz über den Kreis zur Rose wird durch die Fensterrosen der gotischen Kathedralen anschaulich gemacht. Die Symbole des rotierenden Kreuzes und des Sonnenfeuers verbinden sich, um das Aufblühen der „Rosette“ bzw. der Blume zu bewirken, die aus dem Verwandlungsprozeß der Wiedergeburt hervorgeht. Diese Wunderblume ist zugleich die *rosa mystica* als Allegorie der Jungfrau Maria, die himmlische Rose im *Paradiso* von Dante Alighieri, die siebenblättrige Rose der Alchemisten als Sinnbild der sieben Planeten, der sieben Metalle und der sieben Verwandlungsstufen des *Opus*, wobei sie weiß oder rot ist, je nachdem, ob sie die „Königin“ oder den „König“ im Transmutationsprozeß darstellt. Sowohl im christlichen als auch im alchemistischen Kontext entsteht die „Rose“ aus einer Metamorphose, die von der Dialektik des Kreuzes bewirkt wird und die ihren Ausdruck in der Formel *per crucem ad rosam* findet.

II. Das Motiv des „alten Weisen“

Der kurze Hinweis auf die Vieldeutigkeit der beiden komplementären Symbole des Kreuzes und der Rose bestätigt die Ergebnisse der Untersuchung der Hauptschriften des Rosenkreuzes im ersten Teil der vorliegenden Arbeit. Die Symbolik beweist, daß der von Andreae und einigen Freunden ausgedachte Mythos weit über die ursprünglichen, zeitbedingten Grenzen hinausgeht. Weit davon entfernt, ein *ludibrium*, ein bloßer Scherz zu sein, wie Andreae selbst diese Fabel nachträglich aus verständlichen Gründen bezeichnete, reicht ihr Sinn tief in die menschliche Psyche und in die Kosmologie hinein.

Christian Rosenkreuz weist in der *Fama Fraternitatis* eine gewisse Verwandtschaft mit dem „purissimus homo“ von Gerhard Dorn auf. Der allwissende, überaus weise Begründer der Fraternität entspricht nämlich dem, was C. G. Jung den Archetypus des „alten Weisen“ nennt, der in den Märchen rechtzeitig auftaucht, um einen guten Rat zu erteilen, der aber auch in den Träumen die Gestalt eines Pfarrers, eines Arztes, eines Meisters, eines Gurus, eines Vaters annehmen kann. Unter den bekanntesten Mystagogen erwähnt Jung Orpheus, Hermes, Poimandres, Zarathustra. Die *Confessio Fraternitatis* verwendet den Ausdruck „unser Vater Christian“ in der doppeldeutigen Formulierung „unser christlicher Vater“, und in der *Fama* hat er seinen Anhängern eine Weisheit und ein Wissen mitgeteilt, die die Grenzen der traditionellen Wissenschaft überschreiten. Schließlich muß beachtet werden, daß die letzten Brüder ihren *Psychopompos* in der Tiefe eines Grabgewölbes entdecken.

In der *Chymischen Hochzeit* ist der Prozeß umgekehrt. In verschiedenen schwierigen Situationen der Angst oder der Unschlüssigkeit werden Christian Rosenkreuz Hilfe oder Ratschläge von einem geheimnisvollen Wesen erteilt, das ihm als *Psychopompos* dient, und diese Archetypen treten als handelnde Personen in Träumen auf. Als er sich aus der *Turris caecitatis* gerettet hat, wird er von einer „alten Frau“ und „ihrem uralten Sohn“ aufgenommen und ermuntert. C. G. Jung hat gezeigt, daß dieses Motiv des „alten Mannes“ in der Alchemie den Archetypus des Geistes darstellt, der im Unbewußten liegt. Kein Wunder, daß das Bild dieses bewußtseinstranszendenten Inhalts Christian in einem Traum erscheint.

Als er dann an die Straßenkreuzung gelangt, erscheint derselbe Geist in der anderen Bildform einer weißen Taube, die ihm den richtigen Weg weist. Auf dem Schloß übernehmen die Jungfrau Alchimia und der Knabe die Rolle des *Psychopompos*. Der alte Meister tritt am Ende des sechsten Tages nach der Wiedergeburt des Königspaares wieder auf, und er bringt den Adepten zahlreiche neue Kenntnisse bei. Er ist der lehrende Geist, der den im präexistenten Leben verborgenen Sinn nahelegt, der Überbringer der traditionellen Weisheit. Der Astrologe Atlas, der am Ende der *Chymischen Hochzeit* den Fehler Christians beim Anschauen der entblößten Venus entlarvt, ist auch eine Bildform des „alten Weisen“, der die moralischen Fähigkeiten des Menschen prüft. Christian muß insofern das Amt des Türhüters übernehmen, als er in psychologischer Hinsicht an der Schwelle des Unbewußten bleibt, denn dieser Bereich kann nicht ohne schwere Gefahren betreten werden.

III. Seelische Alchemie

C. G. Jung meinte, die wirkliche Wurzel der Alchemie sei „in den Projektionserlebnissen der einzelnen Forscher“ zu suchen. „Da es sich um Projektionen handelte, war es ihnen natürlich unbewußt, daß das Erlebnis mit dem Stoff an sich (...) nichts zu tun hatte“ (12. Bd., S. 285). In Wirklichkeit projizierten sie in den Stoff den eigenen Werdeprozeß der Persönlichkeit durch die progressive Integration der Inhalte des kollektiven Unbewußten in das Ich. Die Entwicklung der Psyche zur Ganzheit nennt Jung den Individuationsprozeß. Diese Problematik des Werdeprozesses der Persönlichkeit drückt sich in der alchemistischen Symbolik, insbesondere der der *Chymischen Hochzeit* aus. Aus der Perspektive der tiefenpsychologischen Theorien C. G. Jungs wird es möglich, verschiedene Aspekte der Erzählung Andreaes, die für die Alchemisten seiner Zeit ein Rätsel waren, zu erklären.

Als Christian in den Keller des Schlosses hinuntergeht und gegen die Verbote verstößt, als er die Grabstätte der Könige und das geheimnisvolle Gewölbe besucht, in dem die nackte Venus schläft, macht er die Erfahrung des *„Schattens“*, d.h. des dunklen Teils unserer Psyche, der uns beim Versuch, zu den Tiefen unseres Unbewußten zu gelangen, im Wege steht. Christian begegnet seinem Schatten in den Formen der Neugier und der Erotik, deren Bilder und Figuren der Knabe, die Nymphen, die Jungfrau Alchimia und der Liebesgott Cupido sind.

Die zweite Etappe des Individuationsprozesses führt Christian zur Entdeckung des weiblichen Archetypus der *Anima* in seiner Psyche, denn jeder Mensch besitzt nach Jung in der Seelentiefe ein gegengeschlechtliches Gegenüber: einen *Animus* bei den Frauen und eine *Anima* bei den Männern. Der inneren Erscheinungsform begegnen wir in den Träumen, den äußeren in Projektionsträgern. In Andreaes Erzählung mag die Hochzeit des Prinzen mit der Prinzessin als die Bildform des Individuationsprozesses von Christian Rosenkreuz, die Objektivierung der Vermählung seines *Animus* mit seiner *Anima* betrachtet werden. Und die Hochzeit ist „blutig“, weil das

Abenteuer der Selbstverwirklichung nicht ohne psychische Gefahr erlebt wird. Aber das individuelle Geschehnis geht in der Struktur der *Chymischen Hochzeit* mit der göttlichen Alchemie einher, die in der Psyche des Titelhelden die Archetypen des kollektiven Unbewußten betrifft. Die *Comoedi*, die, wie schon gesagt, den Schlüssel zum Verständnis der Erzählung gibt, schildert den *Hierosgamos* Christi mit seiner Braut, der Kirche, und Christians psychische Verwandlung projiziert sich in diese heilige Feier.

Christians Hochzeit wird „Chymische Hochzeit" in dem Sinne genannt, daß sie die „Vereinigung mit dem Geistgebiet der Natur" (Rudolf Steiner) und eine substantielle Verwandlung seiner Persönlichkeit bewirkt. Der Wiedergeburtsprozeß, der in der „Turris Olympi" stattfindet, ist auch ein Archetypus des kollektiven Unbewußten. C. G. Jung definiert die Wiedergeburt in bezug auf die Metempsychosis, die Reinkarnation und die Auferstehung. Er unterscheidet die Erneuerung ohne Wesensänderung, beispielsweise bei einer Heilung durch gewisse Zeremonien, von der Transmutation, für die etwa die Verklärung Christi, Mariae Himmelfahrt oder Fausts Verwandlung in den Knaben und dann in den Doktor Marianus als Beispiele stehen können. Endlich erwähnt er die indirekte Wiedergeburt durch Teilnahme an einem Wandlungsprozeß, wie im Fall der Abendmahlsfeier oder Eucharistie, in den Eleusinischen Mysterien und in der Hochzeit des Christian Rosenkreuz, bei welcher die Anwesenheit und das Mitmachen die Gnadenwirkung verursachen. Es kann auch vorkommen, daß in besonderen Fällen der subjektiven Wandlung sich die Ahnengeister in den Kindern reinkarnieren, und die *Chymische Hochzeit* hat auch dieses Motiv von der traditionellen Alchemie übernommen.

Um der Wiedergeburt teilhaftig zu werden, muß Christian Rosenkreuz über das Meer des Unbewußten fahren, das zugleich Wasser und Geist, Tod und Wiedergeburt ist. Die „Turris Olympi", wie die Zikkurats der babylonischen Baukunst, die heiligen Berge oder die Kirchtürme, ragt in den Himmel empor und versinnbildlicht die Vereinigung des Göttlichen mit dem Menschlich-Stofflichen. Der Grundsatz der *Tabula smaragdina* lautet: „Was unten, ist gleich dem, was oben. Was oben, ist gleich dem, was unten, und das dient zur Herbeiführung der Wunder des einen Dinges." Das „eine Ding" ist der *Lapis Philosophorum*, und im besonderen Fall der *Chymischen Hochzeit* entsteht es durch die Wiedergeburt des „Königs" und der „Königin" und die indirekte Wiedergeburt des Christian Rosenkreuz.

IV. „Offenbares Geheimnis"

Diese Verwandlung transzendiert die Kategorien von Raum und Zeit, sie ist eine Pilgerfahrt nach dem spirituellen Orient und dem aufgehenden Licht, dessen Feuer im achten Stock der „Turris Olympi" den beiden noch unbelebten Leibern das Leben wiedergibt. Hermann Hesse (1877–1962), der aus der Stadt Calw gebürtig war, in der J. V. Andreae drei Jahrhunderte zuvor als Superintendent amtierte, beschreibt in der phantastischen Erzählung *Die Morgenlandfahrt* (1931) eine geheimnisvolle Pilgerfahrt. Nach dem symbolischen Orient wandern die Mitglieder einer geheimen Bruderschaft, der Zoroaster, Lao Tse, Platon, Xenophon, Pythagoras, Albertus Magnus, Don Quixote, Tristram Shandy, Novalis, E. T. A. Hoffmann, Brentano, Baudelaire, Paul Klee usw. angehörten. Der Verfasser erklärt, „daß wir ja nicht nur durch Räume wanderten, sondern ganz ebenso durch Zeiten (...). Unser Morgenland war ja nicht nur ein Land und etwas Geographisches, sondern es war die Heimat und Jugend der Seele, es war das Überall und Nirgends, war das Einswerden aller Zeiten". Diese *Orientierung* hatte für die Brüder den Sinn eines Erwachens.

Auch die rosenkreuzerische „Orientierung" zeichnet sich durch ihre Universalität und Zeitlosigkeit aus, denn die verwendeten Symbole entsprechen den Archetypen des kollektiven Unbewußten. Die jedem Symbol anhaftende Vieldeutigkeit berechtigt das paradoxe Verhalten, das darin besteht, Geheimnisse zu offenbaren. Die Rosenkreuzer veröffentlichen ihre Manifeste, aber die *Fama* und die *Confessio Fraternitatis* betonen die Unerreichbarkeit ihres Wohnortes, wenn man nicht dazu berufen wird. Das Motto der *Chymischen Hochzeit:* „Arcana publicata vilescunt“ legt Nachdruck auf die Unverletzbarkeit der Geheimnisse, die jedoch in dem Werk beschrieben werden. Aber der Widerspruch ist nur ein scheinbarer, er liegt im Wesen der Symbolik. Das Wort „Symbol“ stammt aus dem Griechischen („symballein“ = „zusammenwerfen“), und Nikolaus von Cues (1401–1464) definierte es treffend, als er in seinem Buch *De docta ignorantia* (Vom wissenden Nichtwissen) schrieb, die sichtbaren Dinge seien in Wahrheit Bilder der unsichtbaren. In dem Symbol wirkt das Bezeichnende als „Bild“, das den „Sinn“, also das Bezeichnete, zugleich enthüllt und verbirgt. Christus entgegnete seinen Jüngern, die ihn fragten, warum er zu den Menschen durch Gleichnisse rede: „Euch ist's gegeben, daß ihr das Geheimnis des Himmelreichs vernehmet; diesen aber ist's nicht gegeben“ (Mat. 13, 11). Also funktioniert jedes Symbol wie ein Kryptogramm, das die Gegenwart eines unaussprechlichen Seienden oder, im psychologischen Bereich, eines numinosen Archetypus signalisiert, ebenso wie der Mythos, der die Symbole zu einem erzählerischen Ganzen kombiniert. Symbol und Mythos erfüllen ebenso eine ausgleichende wie eine sakrale Funktion, und der Zweck jeder Geheimgesellschaft besteht nach Mircea Eliade darin, an der Heiligkeit durch eine Einweihung teilzuhaben. Diese Initiation ist zugleich eine Wiedergeburt und die Erkenntnis eines bewußtseinstranszendenten Mysteriums, das sich durch das sprachliche Medium des Mythos und durch die rituelle Gestik ausdrückt.

Aber das ältere Rosenkreuzertum war durch den Umstand gekennzeichnet, daß es keine strukturierte Gesellschaft war, und es ist bemerkenswert, daß J. V. Andreae in der *Chymischen Hochzeit* nicht von einem Bund oder einer Fraternität sprach, sondern von einer Ritterschaft, also von einem religiösen Orden, dessen Mitglieder Herr über ihr Reittier, als Symbol ihrer Psyche, waren, weil der Individuationsprozeß am Ende der *Chymischen Hochzeit* bei ihnen vollendet war. In dieser Hinsicht erweist sich das Rosenkreuz zu guter Letzt für die Leser aller Zeiten und aller Länder als eine spirituelle Methode der Selbstvervollkommnung und als eine Aufforderung, namentlich durch eine Auseinandersetzung mit dem Unbewußten, den *homo maximus* in sich zu realisieren.

Literaturhinweise

1. Ausgaben der Rosenkreuzerschriften und Quellen

Andreae, Johann Valentin: *Die Chymische Hochzeit Christiani Rosenkreutz Anno 1459*. Hrsg. von Alfons Rosenberg. München-Planegg 1957.

Andreae, Johann Valentin: *Die Chymische Hochzeit des Christian Rosenkreuz Anno 1459 – Fama Fraternitatis*. Ins Neuhochdeutsche übertragen von Walter Weber (Stuttgart 1957). Basel 1978.

Andreae, Johann Valentin: *Confessio Fraternitatis*, in: *Der Protestantismus des 17. Jahrhunderts*. Hrsg. von Winfried Zeller. Bremen 1962.

Andreae, Johann Valentin: *Fama Fraternitatis – Confessio Fraternitatis – Chymische Hochzeit Christiani Rosenkreutz Anno 1459*. Hrsg. von J. van Rijckenborgh. 4 Bde. Haarlem 1967–1976.

Andreae, Johann Valentin: *Fama Fraternitatis – Confessio Fraternitatis – Chymische Hochzeit Christiani Rosenkreutz Anno 1459*. Eingeleitet und herausgegeben von Richard Van Dülmen. Stuttgart 1973.

Andreae, Johann Valentin: *Fama Fraternitatis – Confessio Fraternitatis – Chymische Hochzeit Christiani Rosenkreutz Anno 1459*, in: *Die Bruderschaft der Rosenkreuzer. Esoterische Texte*. Hrsg. von Gerhard Wehr. Köln 1984.

Haselmayr, Adam: *Antwort An die lobwürdige Brüderschaft der Theosophen von RosenCreutz…*, in: Carlos Gilly: *Adam Haslmayr. Der erste Verkünder der Manifeste der Rosenkreuzer.* Amsterdam 1994.

Andreae, Johann Valentin: *Fama Fraternitatis – Confessio Fraternitatis – Chymische Hochzeit Christiani Rosenkreutz Anno 1459*. (Traiano Boccalini) *Allgemeine und General Reformation der gantzen Welt* – Adam Haselmayr: *Antwort An die lobwürdige Brüderschaft der Theosophen von RosenCreutz…* Eingeleitet und herausgegeben von Roland Edighoffer, in: Johann Valentin Andreae: Gesammelte Schriften. 3. Bd., Stuttgart 1996.

Paracelsus: *Sämtliche Werke*. 1. Abt. hrsg. v. K. Sudhoff. München, 14 Bde. 1922–1933. 2. Abt. hrsg. v. W. Matthiessen u. K. Goldammer, 1923–1973 ff.

2. Auswahl aus der Forschungsliteratur

Brecht, Martin: „Johann Valentin Andreae. Weg und Programm eines Reformers zwischen Reformation und Moderne“, in: *Theologen und Theologie an der Universität Tübingen*. Hrsg. von Martin Brecht. Tübingen 1977.

Brecht, Martin: „Chiliasmus in Württemberg im 17. Jahrhundert“, in: *Pietismus und Neuzeit,* Bd. 14, Göttingen 1988.

Brecht, Martin (Herausgeber): *Geschichte des Pietismus*. Bd. 1, Göttingen 1993.
Brecht, Martin: „Die fällige Generalreform der Welt – J.V. Andreäs Programm“, in: *J.V. Andreä. Ein universaler Geist des 17. Jahrhunderts in internationaler Sicht*. Bad Liebenzell 1987.
Brecht, Martin: „Der babylonische Turm oder das Chaos der Urteile über die Rosenkreuzerbruderschaft“, in: *Das Erbe des Christian Rosenkreuz*. Amsterdam 1988.
Breymayer, Reinhard (Hrsg.): *Ein geistliches Gemälde* ... von Huldrich StarckMann (J. V. Andreae). Tübingen 1991.
van Dülmen, Richard: *Die Utopie einer christlichen Gesellschaft, Johann Valentin Andreae (1586–1654)*. Stuttgart 1978.
Edighoffer, Roland: „Un Faust rosicrucien“, in: *Etudes Germaniques*. Bd. 4, Paris 1965.
Edighoffer, Roland: „Le lion du septentrion“, in: *Etudes Germaniques*. Bd. 2, Paris 1967.
Edighoffer, Roland: „Vom Rosenkreuz zur Pantopie“, in: *Daphnis*, Bd. 10, Amsterdam 1981.
Edighoffer, Roland: *Rose-Croix et société idéale selon J. V. Andreae*. Paris, Bd. 1, 1981, Bd. 2, 1987.
Edighoffer, Roland: „Rosicrucianism: From the Seventeenth to the Twentieth Century“, in: *Modern Esoteric Spirituality*. New York 1992.
Edighoffer, Roland: *Les Rose-Croix*. Paris, 4. Aufl., 1994.
Faivre, Antoine: „Les Noces Chymiques de Christian Rosencreuz comme pèlerinage de l'âme“, in: *Cahiers de l'Université saint Jean de Jérusalem*. Paris, Bd. 4, 1978.
Faivre, Antoine: „Les Manifestes rosicruciens et la Tradition, in: *Das Erbe des Christian Rosenkreuz*. Amsterdam 1988.
Frey-Jaun, Regine: *Die Berufung des Türhüters. Zur Chymischen Hochzeit Christiani Rosencreutz von J. V. Andreae*. Bern 1989.
Gilly, Carlos: *Adam Haslmayr. Der erste Verkünder der Manifeste der Rosenkreuzer*. Amsterdam 1994.
Heindel, Max: *Die Weltanschauung der Rosenkreuzer oder mystisches Christentum*. Darmstadt 1991.
Introvigne, Massimo: *Il cappello del mago*. Milano 1990.
Jung, C. G.: *Gesammelte Werke*. 17 Bde., Olten/Freiburg im B. 1944 ff.
Kienast, Richard: *J. V. Andreae und die vier echten Rosenkreuzer-Schriften*. Leipzig 1926.
Koßmann, Bernhard: *Alchemie und Mystik in J. V. Andreaes Chymischer Hochzeit Christiani Rosenkreutz*. Köln 1966.
Lewis H. Spencer: *Rosicrucian Questions and answers with complete history of the Rosicrucian Order*. San Jose 1959.
Montgomery, J. W.: *Cross and Crucible*. 2 Bde., Den Haag 1973.
Nakai, Ayako: „Andreaes Chymische Hochzeit und Novalis“, in: *Goethe-Jahrbuch*, XXXV. Bd., 1973.

Peuckert, Will-Erich: *Das Rosenkreutz* (Einl. v. R. Chr. Zimmermann). Berlin 1973.

Rickenborgh, J. van: *Die Geheimnisse der Rosenkreuzer-Bruderschaft. Esoterische Analyse der Schrift „Das geistige Testament des Ordens vom Rosenkreuz"*. 4 Bde. Haarlem 1967–1976.

Schick, Hans: *Die geheime Geschichte der Rosenkreuzer.* Schwarzenburg, 2. Aufl., 1980.

Scholz, Harald: *Evangelischer Utopismus bei J. V. Andreae.* Stuttgart 1957.

Steiner, Rudolf: *Die Theosophie des Rosenkreuzers.* Dornach, 6. Aufl., 1979.

Steiner, Rudolf: *Die Chymische Hochzeit des Christian Rosenkreutz.* Stuttgart 1957.

Telle, Joachim: „Benedictus Figulus. Zum Leben und Werk eines deutschen Paracelsisten", in: *Medizinhistorisches Journal.* Stuttgart, Bd. 22, 1987.

Waite, Arthur E.: *The Brotherhood of the Rosy Cross.* (1924) New York 1973.

Yates, Frances A.: *The Rosicrucian Enlightenment.* London 1972.

Zimmermann, Rolf Christian: *Das Weltbild des jungen Goethe. Studien zur Hermetischen Tradition des deutschen 18. Jahrhunderts.* Erster Band: *Elemente und Fundamente.* München 1969.

Namen- und Sachregister